Meditación

Ejercicios y meditación para ayudarte a mantener la
concentración y la mente en calma

(La meditación y el arte desanando la mente)

Bernardino Castellano

TABLA DE CONTENIDOS

Una Meditación Introductoria Para La Curación De Los Chakras 1

Posiciones De La Mentalidad Occidental.................... 21

Meditación Guiada Para Perder Peso Rápidamente Y Naturalmente..41

La Meditación 59

La Meditación: El Arte De Mantenerse Alerta Y Relajado 64

La Tecnología De La Meditación Para Expandir La Mente 72

Magdalena Puebla, Miembro De La Coordinadora Nacional 113

¿Es Posible Que La Meditación Regular Lo Ayude A Vivir Más Tiempo?..124

Las Ventajas De La Meditación.....................................131

¿Por Qué La Meditación Es Importante? 143

Una Meditación Introductoria Para La Curación De Los Chakras

Todos tenemos chakras, centros de energía dentro de nosotros. La curación de los chakras es una práctica antigua. La mayoría de las personas no se darán cuenta de que tienen estos lugares dentro de ellos que son responsables de las variaciones en los niveles de equilibrio de energía que pueden experimentar. Si estás experimentando dolor o dificultad en este momento, tendrá un impacto en tu chakra.

Es hora de que utilicemos los chakras, que están en un plano espiritual diferente. Para ayudarlo a reconocer sus chakras y comenzar el proceso de sanación, esta meditación te guiará a través de ellos. Para evitar desequilibrar sus chakras, querrás hacer esto constantemente. Podría haber un bloqueo que está causando una perturbación en tu vida en general, incluso cuando todo en tu vida parece estar bien.

Para que puedas permitir un flujo efectivo de energía a través de tu cuerpo, la mayoría de las meditaciones de los chakras requerirán que te sientas cómodo. No será necesario para esta, pero es una opción. Como esta es una meditación para principiantes, no queremos causar emociones abrumadoras poniendo demasiado de lo que puedas manejar al principio. Siéntate en algún lugar cómodo y concentre tu atención en tu respiración. Permita que los pensamientos fluyan libremente por tu cerebro como si fueran tuyos.

Meditación para sanar los chakras

Siéntate en un lugar donde puedas relajarte por completo. No elijas un lugar con mucha distracción. Esto se puede hacer en grupo, pero solo si todos se dedican completamente a la meditación. Obtendrás los mejores resultados si lo haces por tu cuenta. Asegúrese de que el lugar que elijas para hacer esto esté lleno de energía positiva. No querrás elegir un lugar en una zona muy concurrida. Esto podría tener un impacto en el flujo de energía a medida que te atraviesa.

Empieza a prestar atención a tu respiración. Permite que el aire entre y salga naturalmente de tu cuerpo. Observa cómo el aire te llena y fluye tan libremente después de que tu cuerpo ha hecho todo lo posible para reciclarlo.

Respira y expulsa aire. Respira y expulsa aire.

Hacer una cuenta atrás desde el número veinte. Dado que esto le permitirá tener un patrón de respiración más controlado, se recomienda que lo haga usando tanto la boca como la nariz. Durante cinco segundos, inspira por la nariz y exhala por la boca.

Inspira en uno, dos, tres, cuatro y cinco, mientras que expulsa en cinco, cuatro, tres, dos y uno.

Continúe este patrón mientras viaja a través de esta meditación. Viajaremos a través de tu cuerpo en el plano espiritual. Elige una posición en la que no bloquees ningún flujo de tu cuerpo mientras cierras los ojos. Está bien si decide sentarse derecho con las piernas cruzadas. Para los principiantes, es conveniente elegir una posición en la que puedas relajarte y sentirte cómodo.

Contaremos desde veinte. Cuando lleguemos an uno, comenzará la meditación.

Inspira cinco veces y exhala cinco veces. Tienen diecinueve años, dieciocho, diecisiete años, dieciséis años, quince años, catorce años, trece años, doce años, once años, nueve años, ocho años, siete años, seis años, cinco años, cuatro años, tres años, dos años y uno.

Dentro de ti hay siete chakras. Se extienden desde la base de la columna hasta la parte superior de la cabeza. Muchas personas nunca tocan sus chakras. Cuando se bloquea uno de los chakras, afectará a todos los demás. Es un flujo y un paseo a través de tu cuerpo, por lo que es importante que mantengamos todo en armonía trabajando unos con otros en lugar de unos contra otros.

Cuando se trata de curar los chakras, es fundamental comenzar desde la raíz y avanzar hacia arriba en lugar de descender hacia abajo.

Enfoca toda tu energía en la base de tu columna vertebral antes de comenzar. Mientras sigues experimentando esto en tu cuerpo, inspira y espira. Cada parte de tu cuerpo debe estar relajada ahora.

Empieza asegurándote de que no estés reteniendo tensión en los brazos o las piernas. Nuestros pechos y estómago también pueden estar bastante rígidos debido a todo el estrés. Exhala cualquier tensión que aún tengas en estas partes y respira mientras te llenas de positividad. Tu Muladhara es otro nombre para tu chakra raíz.

Tu chakra raíz se encargará de varios aspectos de tu carrera. También están involucrados el dinero y la mentalidad. Este chakra raíz contiene toda la información sobre tu supervivencia general. Esto podría estar causando un bloqueo en tu chakra raíz si estás luchando con tu carrera, problemas financieros o cualquier otra cosa que te da la vida. El miedo es lo peor para este chakra.

No importa lo que haya pasado, la ansiedad y el estrés se acumularán en los pasajes de bloqueo de tu chakra raíz cuando te aferres an ellos.

Permite que esta parte de ti mismo se limpie y fomenta la positividad. En este momento, cualquier parte de tu base de vida necesita ser sanada. Permítete estar lo más cerca de la tierra posible.

Se basa en los números uno, dos, tres, cuatro y cinco. Al respirar, haz cinco, cuatro, tres, dos y uno.

Hacerse cargo de su situación financiera. Esto no define tu personalidad. Tener mucho dinero o no tener nada cambiará su estilo de vida. Las personas que afirman que el dinero no es lo único que importa son las que ya tienen. El dinero no puede darte la felicidad, sino el alivio y la seguridad que necesitas para explorar esa felicidad. Es importante tener en cuenta que, independientemente de nuestra situación financiera, seguimos siendo personas con vida y respiración. Aún tenemos deseos, necesidades y anhelos. La búsqueda del dinero no es la única cosa importante en la vida. Por supuesto, debes tenerlo para pagar los gastos básicos. Pero más allá de eso, no necesitamos dinero para satisfacernos. Permítete liberar de este estrés.

Recuerda que el trabajo no es lo único que importa. Muchas personas pensarán que su trabajo es todo lo que tiene, pero tiene mucho más por lo que vivir. Se puede sentir la liberación del chakra raíz en la parte inferior de la columna vertebral y a lo largo de las piernas. Esto se verá agravado por el estrés y el miedo. Por supuesto, no te librarás de la preocupación por el dinero, pero no debes dejar que el pánico te devore tanto que te debilite. Exhala cualquier cosa que te mantenga limitado y inspira optimismo y felicidad. Ahora nos dirigimos hacia nuestro chakra sacro. Este es tu Svadhishthana.

Este es el chakra del placer. Este centro de energía también incluirá todo lo relacionado con la sexualidad.

En la parte baja del abdomen se encuentra tu chakra sacro. Tu ombligo se encuentra dos o tres pulgadas por debajo de este, donde encontrarás tu chakra sacro. Aquí puede encontrar cualquier cosa que tenga que ver con tu culpa o preocupación por tus relaciones.

Si experimentas indulgencia o falta de placer, esto podría causar problemas en tu vida. La búsqueda y el deseo de demasiado placer pueden ser una distracción. Todo el mundo debería disfrutar, pero puede convertirse en una adicción en poco tiempo.

Considere si ha sido demasiado indulgente con algo. Incluso la comida puede servir como una forma de adicción o liberación que te ayuda an evitar problemas emocionales que no quieres enfrentar. Considere liberarse de esto de inmediato.

Otra gran parte de la energía de tu chakra sacro es la sexualidad. ¿Has estado teniendo problemas con tu vida sexual? ¿Alguna vez has tenido problemas con tu pareja? ¿Sientes que falta algo importante en esta parte de tu vida? Aumenta la positividad y elimina los bloqueos que impiden que tu chakra sacro se sane por completo. Inspira y exhala, inspira y exhala. El chakra del plexo solar se encuentra en la parte superior. Este es tu Manipura.

El chakra del plexo solar se ocupa de la capacidad de autocontrol. Inspira en los números uno, dos, tres, cuatro y cinco. Al respirar, haz cinco, cuatro, tres, dos y uno.

Esta es tu fuerza de voluntad y motivación interna. ¿Puedes controlar tu vida con confianza? Ese lugar de tu cuerpo te permitirá desarrollar esta habilidad. Es fundamental asegurarnos de no obstaculizar o obstaculizar nuestra capacidad para tener este tipo de poder.

Este chakra del plexo solar se encuentra justo debajo del pecho y por encima del ombligo. Cuando sepas que algo está mal, aquí es donde sentirás mariposas en tu estómago. Esta es la ubicación de la gran bola pesada. Puede encontrar ese hueco en su estómago cuando algo te pone nervioso o inestable. El chakra del plexo solar te dice que tomes el control. Esto será un gran bloqueo si sientes vergüenza sobre ti mismo o sobre quién eres. Cuando este chakra del plexo solar está bloqueado, no puedes tomar decisiones positivas por ti mismo. Para vivir todo su potencial, necesitas tener fe en tus propias habilidades.

Exhala cualquier cosa que haya estado bloqueando esta parte de tu cuerpo y respira positividad. La energía que existe aquí también controlará tu autoestima. Tu autoestima es importante y debes construirla para poder tomar mejores decisiones. Necesitamos controlarnos a nosotros mismos para poder ser nuestros mayores defensores; amarte a ti mismo y satisfacer tus necesidades de tener una alta autoestima es saludable y no te hace egoísta. Respira y expulsa aire. Inhala el amor propio mientras exhala el odio y la duda que han bloqueado esta parte de tus chakras.

Nuestro chakra del corazón se encuentra en la parte superior. Este es el chakra responsable de todo lo relacionado con el amor y las relaciones interpersonales. Esta energía no solo controla las relaciones interpersonales. Además, es responsable de ayudarlo a controlar su amor por sí mismo.

El mayor obstáculo para esta parte de tu chakra del corazón será cualquier tipo de pena o remordimiento. Está en esa parte profunda de tu pecho, justo entre tus pechos. Anahata es otro nombre para él.

Esta parte de tu cuerpo encontrará cualquier tipo de felicidad o tranquilidad interior. Cuando estás más feliz, tu corazón puede latir más rápido. Cuando te sientes inseguro y no sabes qué hacer, tu corazón puede sentirse pesado. Todo esto se incluirá en el manejo de su chakra del corazón.

Respira odio y alegría. Deja ir cualquier pena o vergüenza que puedas estar sintiendo y llenate de paz. Permítete liberarte del trauma emocional y las relaciones románticas que podrían haberte causado este bloqueo. Exhala cualquier cosa que te mantenga limitado y respira positividad.

Nuestro chakra de la garganta está por encima de todo esto. Está en tu garganta. También llamado Vishuddha. Este chakra de la garganta es sobre comunicación. Mira tu vida y cómo has estado hablando e interactuando con los demás. ¿Compartirás tus pensamientos? ¿No tienes miedo de defender la verdad y la verdad que sabes?

Si mentiras o hablas mal, bloqueará tu chakra de la garganta. Es importante expresarse, pero también debe considerar cómo las cosas negativas que compartes afectan an otras personas y causan angustia en tu vida. Enviar negatividad an otra persona requiere mucha energía.

Cuando se la pasas an otra persona, te llena de odio. Abre bien la boca y respira con fuerza. Observa cómo te llenas de energía positiva.

Deja ir todo ese odio que has estado enviando an otras personas y exhala tan fuerte como puedas después de sostenerlo por unos momentos. Una vez que dejas ir toda esa energía tóxica que se está pasando, siente que te elevas y te liberas. Cuando no usas el chakra de la garganta adecuadamente, también puede estar bloqueado. ¿Eres más bien un individuo callado que no está dispuesto an expresar sus pensamientos? Esto solo cerrará tu chakra de la garganta. Abre esta parte de ti mismo y permite que te comuniques con otros. Inspira y exhala, inspira y exhala. Permita que te relajes.

Nuestro chakra del tercer ojo se encuentra en la mitad de nuestra frente. Ajna es tu nombre.

Tu intuición se encuentra en tu tercer ojo. Es algo que te ayudará a vivir esta vida. Incluso si conocen el chakra del tercer ojo, no todos pueden acceder an él en su vida. Debes permitir que te veas la verdad. A veces sabemos que la verdad está frente a nosotros, pero no estamos listos para mirarla. Abre esto ahora y sé sincero. Al aliviar este bloqueo, todos los demás chakras se equilibrarán. Tu cuerpo se sentirá más tranquilo y todo estará en armonía si miras directamente delante de ti en lugar de mirar hacia el otro lado con tu tercer ojo.

Inspira y exhala, inspira y exhala. Este tercer ojo también contiene tu imaginación, creatividad, sabiduría y pensamiento lógico. Cualquier tipo de ilusión o engaño que haya estado experimentando, o incluso creando por tu cuenta, te bloqueará el tercer ojo.

Abre tus ojos. Observa lo que está frente a ti. Respira profundamente mientras cierras los ojos una vez más. Para permitir que este tercer ojo respire, no necesita usar un conjunto de ojos físico. Permita que el aire ingrese y salga. Exhala cualquier tipo de negligencia que hayas tenido en tu vida y respira positividad y verdad.

Nuestro chakra de la corona está en la parte superior de todos estos chakras. Esta es tu Sahasrara.

Tu chakra de la corona muestra cómo estás conectado a tu espiritualidad, sin importar lo que creas en esta vida. Dentro de ti hay algo más profundo que se extiende más allá de tu cuerpo físico. Permita que este chakra corona te guie. Deja que esto controle los demás chakras. Depende de tu intuición. Permita que exprese su verdad. Siente y comparte amor. Confiar en tu instinto y identificar cuando algo está correcto o incorrecto. Permite que te sientas feliz, pero ten en cuenta que no puede ser todo. Manténgase arraigado en esta tierra y en este momento. Limpiar esto es la única forma de sanar. Considere cualquier herida física que pueda tener. La rodilla debe estar limpia antes de aplicar ungüento o venda para sanar. Si no limpias bien algo primero, puede atrapar algo negativo o tóxico en su interior, lo que lo hará empeorar aún más de lo que estaba antes de la herida inicial.

Has limpiado tus chakras y te has dado la capacidad de sanar completamente, respirando tanto dentro como fuera. Tus chakras se han alineado y ahora sabes lo que necesitas para sentirte completamente en paz. Estás tranquilo y consciente.

Estás presente y preparado en este momento. Estás tranquilo y sereno.

Ahora te sientes completamente cómodo y relajado. Cada uno de sus chakras ha sido tocado. Sabes dónde están dentro de ti y es hora de comenzar a sanar. Para asegurarse de que no haya bloqueos, podrás volver an esto cada vez que lo necesites.

Esta es la meditación ideal para principiantes y calentadores porque te permite pasar por el resto de estas meditaciones con una mente clara y un flujo de cuerpo saludable. Continúe concentrándose en tu respiración. Inspira uno, dos, tres, cuatro y cinco, mientras que exhala cinco, cuatro, tres, dos y uno.

En este proceso, debes sentir que ya empiezas a sanar. Permite que tu cuerpo se relaje y se concentre.

Hacer una vez más la cuenta atrás desde veinte. Cuando llegamos an uno o te quedas dormido, continúas con tu día o pasas a la meditación siguiente.

Inhale cinco veces y exhale cinco veces. Tienen diecinueve años, dieciocho, diecisiete años, dieciséis años, quince años, catorce años, trece años, doce años, once años, nueve años, ocho años, siete años, seis años, cinco años, cuatro años, tres años, dos años y uno.

Posiciones De La Mentalidad Occidental

A fin de aclarar algunos aspectos de la historia de lo que se conoce como "espiritualidad occidental", destacaremos algunos aspectos que han llamado la atención sobre la tendencia generalizada y exánime hacia el tema en cuestión: la universalidad del estado meditativo, su conexión con la psicocorporeidad y su potencial impacto en la vida personal y social.

La primera evaluación del área que abordaremos requirió la consideración de eventos estresantes que desviaron la experiencia meditativa del sujeto adecuado a la occidentalidad. Sin embargo, también destacaremos los eventos que la han fomentado cuando Occidente ha demostrado su ingenio y sensibilidad.

Si retrocedemos a los primeros tiempos, podemos encontrar datos sobre una Edad Media en la que, según el historiador Etienne Gilson (1), el tema en sí tenía poca importancia. La conducta generó una cierta falta de respeto hacia los criterios individuales, ya que nadie se hubiera atrevido a ponerlos por encima de la autoridad de "La Palabra de Dios", que fue suficiente para explicar el mundo.

La situación resultó en esfuerzos débiles para alcanzar las conclusiones finales en cualquier propuesta, ya que todas debían estar previamente sujetas a revelaciones indudables emitidas desde un lugar más allá. Por lo tanto, las creencias religiosas fueron impuestas como premisas fijas, ajenas a las conclusiones, y establecieron límites epistemológicos.

Después de que los primeros desacuerdos dogmáticos fueron resueltos en el concilio de Nicea, el mundo individual parecía estar neutral y no había problemas. La obediencia permitía a la autoridad sagrado resolver los dilemas, como el de la felicidad, que fue pospuesto hasta el final de los tiempos.

Carlos Vicente Delponte, escritor.

donde según sus méritos, las personas serían elogiadas o condenadas a sufrimientos eternos.

Este escenario de superstición ayudó a sumergir a la persona como tal en un subdesarrollo, excepto cuando la riesgosa "libertad de conciencia" o, por el contrario, la subordinación formaban parte de anhelos superiores, como el ejercicio de la compasión fraternal o la vida contemplativa, que, en aquellos tiempos, parecían responder a "La experiencia de Dios" o "El amor a Dios sin razón" (2).

Aunque esta postura fue algo diferente al apoyo oficial, permitió un encuentro con los niveles más profundos del espíritu y, por lo tanto, la liberación interna relacionada con la meditación.

Creemos que este estado, que se expresa a nivel psicológico, es comparable a la capitulación del yo que está implícita en la subordinación sagrado.

En cuanto an este camino espiritual, es importante mencionar a los místicos medievales Juan Escoto Erígena, Meister Eckhart y el autor británico anónimo de La Nube del No-Saber, así como a figuras femeninas que se hicieron escuchar con gran esfuerzo. Como la abadesa Hildegarda von Bingen, quien logró convencer a la gente de que las mujeres podían ser inspiradas por el "Espíritu

Santo". La beguina y cisterciense Matilde de Magdeburgo, cuyos escritos tuvieron un impacto en el Maestro Eckhart, es otro ejemplo de entre ellas.

Sin embargo, para la gran mayoría que no optó por una determinación introspectiva y de libertad de conciencia, el destino predominante no fue la capitulación del yo aparente y social, o sea éntico, sino su prevalencia sobre la íntima onticidad del sujeto individuado.

En el transcurso del tiempo, se desarrolló la característica del individuo occidentalizado que todos conocemos y que cualquiera de nosotros podría ser: un individuo individualista, fácilmente identificable y yoico que ha creado una religiosidad y una cultura adaptadas a sus necesidades egoístas. Aunque ha logrado muchos logros en muchos aspectos, las evidencias muestran algunas deficiencias en cuanto an estimular un contentamiento pacífico.

Además, la falta de profundidad religiosa, debido a su enfoque en ilusiones "sobrenaturales" e incredulidad ante creencias dogmáticas intransigentes, llevó a que, además del daño físico, la religión se convirtiera en algo superficial.

16

La contemplación

La confusión generada en la mayoría de los creyentes llevó a que se cismara La Cristiandad y se desestimara parte del pensamiento occidental representado por sabios hebreos, cristianos, islámicos y herméticos, quienes compartieron una afición panunitiva y de libertad que floreció en la Península Ibérica. Esta libertad fue inconveniente para la política sacroimperial que reverdeció en

El Escorial en el siglo XVI con su forzado proyecto hegemónico centralizado a la manera de

Al margen, es importante considerar cómo la evolución del Occidente, que se presentaba como cristianizado y que dejó de confiar completamente en la persona de Dios, llevó a los últimos momentos de decadencia de la civilización europea, como los autoritarismos populistas de bonapartismo, comunismo y fascismo. Si agregamos las dos guerras mundiales, la globalización de Estados Unidos, el mercado común europeo y el rápido avance de Oriente y Islam, no se sabe qué ha pasado a la actualidad sin el proceso humanista que Europa experimentó durante el Renacimiento.

Es innegable que la religiosidad planteada ha afectado negativamente al psiquismo colectivo de La Vieja Europa en el presente estado de cosas, no desde la inmanencia de lo divino en el alma.

La inclinación no era hacia la mística renana sospechada y la teología de la negación, sino hacia un mundo puramente exógeno y de soporte platónico, donde la idea de Dios se representaba utilizando imágenes y atributos humanos expandidos que respondían an arquetipos psíquicos como el dominio, la ira, la justicia, el poder, la bondad, el amor, etcétera. El resultado fue el dios de la invención, quien fue utilizado de manera eficaz como un contralor omnipresente, tanto para controlar las multitudes como para limitar los excesos y trapisondas de nobles y "ungidos" que han ocurrido a lo largo de los siglos.

De esta manera, siguiendo el estilo de La Roma Antigua y con un mensaje evangélico reducido, establecieron una liturgia impresionante que reflejaba la majestuosidad de los soberanos hacia la deidad. Esta escenografía llevó an una excesiva dependencia de los dones que la pompa ofrecía, como sacramentos, bendiciones, indulgencias, coronaciones u otros favores, que ya eran administrados por 17 líderes religiosos.

Carlos Vicente Delponte, escritor.

eclesiásticos que convencieron a la mayoría de las personas de que tenían en sus manos la salvación o la condenación eterna de las almas. Naturalmente, la capacidad de ejercer un dominio sin límites fue respaldada por una interpretación oportuna de las Sagradas Escrituras, pero sobre todo por la presencia del brazo armado, que siempre estaba presente en la difusión y mantenimiento del Cristianismo en todo el mundo.

Alguien podría cuestionar si la combinación de religión y espada era la única opción adecuada para los descendientes demasiado cercanos de las tribus guerreras que recorrieron Europa. En nuestra opinión, tomamos la decisión de rechazar, ya que hubo suficientes ejemplos de personas que siguieron caminos pacíficos y nos llaman a seguirlos, incluso aquellos que solo respetamos la estética, la ética y la venerable locura de las religiones.

No obstante, a pesar de esas personalidades que exageraron la trayectoria del espí-

En el pasado, la religión occidental estableció el destino de la civilización bajo una religión hegemónica impuesta por las buenas o por las otras. Sin embargo, esta omisión dejó de lado la Realidad Óntica que es necesaria para el ser humano actual, lo que contribuye a la neurosis actual de los adaptados o aquellos que aspiran a serlo, así como a la descomposición social, ecológica y al irremediable desprestigamiento.

La difusión del "Cristianismo Normando", que era violento, arbitrario y politizado, en Europa y luego en muchas partes del mundo, debilitó la resistencia de los creyentes. Para contemporizar, la mayoría de las personas debían cargar con una mezcla de artilugios revelados, combinados con nebulosas teológicas y códigos penales destinados a quienes no cumplieran con virtudes, que a menudo eran inalcanzables o amoldadas a situaciones que nacieron

De acuerdo con la versión griega de La Biblia de Los Setenta, el "Mandamiento Máximo" de Jesús contendría este alto ideal de Occidente, cuya primera parte se encontraba en el libro del Deuteronomio.

La contemplación

Amarás al Señor tu Dios con todo tu corazón, alma, mente y fuerza. Este es el mandamiento más importante y el primero. La segunda es similar. Amarás a los demás como si fueras tú mismo. San Mateo 22,37

La idea central de "Amarás" - Agapēseis en el texto véte-rotestamentario mencionado - se ajustó a la idea de amor incondicional al Amado, a la Verdad y a lo Divino. Sin embargo, "Amarás" también revelaría la acepción de Amor-Conocimiento de carácter experimental que corresponde a la palabra aramea Yada' o Yodah, la cual Jesús podría haber usado para indicar el camino hacia la inmanencia unitiva de En otras palabras, el amor-conocimiento experimental subjetivo como revelador de la unidad de El Ser es una nueva instancia meditativa para el Judaísmo, que desde siempre ha considerado suficiente la fe condicionada a manifestaciones altisonantes de Dios interrumpiendo las leyes naturales.

No sabemos con certeza qué palabra aramea o hebrea habría empleado Jesús. ¿Cómo se relacionan estos términos con la segunda parte del mandamiento: "Amarás a tu prójimo como a ti mismo"? Hay algunas tradiciones que traducen amar por "ahab", que significa servicio, o "rhm", que significa misericordia. Suena como un amor a sí mismo sorprendente.

No nos asusta pensar que Jesús podría haber hablado en términos de "yada", ya que es más apropiado para un mandamiento que requiere un amor experimental y conocimiento de uno mismo, en lugar de emocionarse amorosamente por uno mismo.

Al no entender la frase sobre el amor como algo que comienza en la experiencia profunda y concreta del alma individual, se le restaría significado y se crearía un tipo de amor solo emocional con sus momentos de juventud, lo cual era evidente en la religiosidad más popular.

Podemos remontar el problema de interpretación a la época judeo-helenística, cuando se tradujo la voz hebrea al griego de La Biblia de los Setenta. ¿Serán precisos los términos Agapēseis y luego philia, que significan amor amable, empleados?

La sabia inclinación de la alta mística medieval de Alemania y Gran Bretaña

nica, parece inclinarse más hacia un amor en cuanto percatamiento cognitivo-amoroso de la naturaleza íntima del alma individual, 19

Carlos Vicente Delponte, escritor.

cuyo carácter fundamental y universal revelaría la conexión de esa "Continuidad Óntica" que también se extiende por el mismo. Es decir, la experiencia de la unión consciente con El Ser o Dios, que, según Meister Eckhart, "siendo uno, es el mismo en todas partes".

El mandamiento fundamental podría relacionarse con un amor-cognición que eleva al nivel consciente el unificador de El Ser en la existencia. Esta perspectiva meditativa, según nuestra opinión, pertenece a la naturaleza arquetípica de todo ser humano y, por lo tanto, con o sin religión, contribuiría a la supervivencia y felicidad de la especie humana.

Sin embargo, el culto al orgullo aparente, que es característico de Occidente, ha aumentado en popularidad, lo que ha disminuido el alcance de esta valiosa enseñanza que se relaciona con una experiencia universal que comienza en la misma existencia. La disminución resultante impidió a la mayoría de las personas tener acceso a la meta introspectiva que proporciona alegría, tranquilidad y un modesto sentido de la existencia.

La felicidad que consideramos relacionada con la meditación fue reemplazada por una devoción an un dios antropomorfizado con representaciones de contenidos arquetípicos y una necesidad de cohesión institucional, conocida eufemísticamente como el "Cuerpo Místico".

Sin embargo, lo más desagradable de la situación es que se ha cambiado el significado profundo de la amistad en un rito dominical cada vez más similar an una reunión que hoy se busca ser entretenida, sin ningún misterio ni habilidad artística. En cuanto a la caridad, también se incluyó en una actividad de caridad.

Por lo tanto, podríamos interpretar al

El mandamiento máximo de Jesús dice: "Amarás a Dios, El Ser, sobre todo, incluidos conceptos, dogmas, símbolos, creencias, preceptos, emociones, deberes, pertenencias y más. Amarás a Dios con todo tu corazón, alma, mente y fuerzas y con la misma disposición al prójimo como lo amaste a ti mismo, o sea, experimentarás al Ser Esencial, Uno, Simple y Universal".

Sin ser la única en la mística cristiana, después de esta influencia en el siglo XIV

Meister Eckhart promovió la ascesis, que implica la desobediencia a la voluntad de Dios, conocido como "El Ser" o "Los hombres".

Este punto de vista, por supuesto, implicaría una distinción entre el ego

La contemplación

el aspecto aparente de la cualidad ética, que surge de la adaptación existencial y el

Sí, uno o nada.

En cada página de sus escritos, se puede observar este convencimiento en Eckhart, como si estuviera recomendando el significado que debería tener la oración religiosa. "La oración de los tratos interesados con Dios hace que este sea menos importante que aquello que se le pide", dirá.

Si se cambiara esa decisión, la pulsión religiosa se protegería de ser reducida a las necesidades del egoísmo, despertando an un algo esencial, como "Lo que es por sí mismo" o, como dice Eckhart, "La experiencia de Dios, El Ser".

Si no hubiera sido interpretada en base a los requerimientos del refinamiento galante y autoerótico del siglo XV itálico, esta sabiduría que a priori distingue dos yoes en el humano, tal vez se hubiera extendido con mayor felicidad. En la Academia de Florencia, que en ese momento era la encargada del futuro mundo, el germano Nicolás de Cusa presentó sus ideas basadas en Eckhart y que están relacionadas con la experiencia subjetiva de La Onticidad Única y Universal en el espacio humano. Los principios filosóficos de los interlocutores no permitieron comprender el verdadero problema, posiblemente debido a que no pudieron distinguir la existencia de dos yoes en el ser humano: uno éntico y otro óntico.

Meditación Guiada Para Perder Peso Rápidamente Y Naturalmente

Puede encontrar libros sobre la pérdida de peso, alimentos dietéticos y suplementos en cualquier tienda, pero o no funcionarán o puedes estar poniendo en peligro otra parte de tu salud por el bien de la pérdida de peso.

Muchas personas no saben que el secreto para perder peso está dentro de su propia cabeza. Durante años, la meditación y la hipnosis han ayudado a las personas a perder peso, así que ahora tienes la oportunidad de ver el éxito por tu cuenta. Si lo practicas con frecuencia, comenzarás a ver que perder peso de manera más rápida y natural es fácil porque tu mentalidad cambiará.

Practicar con los ojos cerrados mientras está acostado en un lugar cómodo es la mejor manera. Para obtener los resultados que has estado esperando, hazlo a mitad del día cuando necesitas un descanso o en la noche cuando te vas a dormir.

Meditación para perder peso de manera rápida

Ahora es el momento de relajarse. Usarlo para ayudarlo a meditar, escuche esto directamente o repite el guión con tu propia voz. Cuando estés listo, encuentra una posición cómoda y comienza. Deja que estos pensamientos fluyan naturalmente por tu mente, como si estuvieras hablando de ellos.

Cada respiración que entra y sale de mi cuerpo es perceptible para mí. La boca está ligeramente abierta para que el aire entre. Respiro profundamente y siento que el aire golpea mi garganta. Dejo fluir el aire lentamente por mi boca mientras descanso mis hombros. Estoy preparado para concentrarme en mi respiración ahora.

Mientras inhalo por las fosas nasales, cuento lentamente y mi cabeza se vuelve más ligera. Enfocándome en la dirección del aire, lentamente dejo salir el aire por un pequeño agujero en mi boca. Repita esta respiración ahora. Mi abdomen se estira mientras inhalo lentamente. Ahora vamos a salir. Una vez más, expulso el aire hacia fuera de mí. Estoy respirando tranquilidad y paz mientras inspiro.

Mi cuerpo se siente más libre, más ligero y menos pesado. No es solo mi estado físico. Es mi estado emocional. Continuando mi respiración profunda y concentrándome en el aire que sale de mi cuerpo, estoy más ligera que nunca. Estoy soplando todos los pensamientos que me vienen a la mente, filtrándolos y alterando mis patrones de pensamiento. Es hora de enfocarme en mi objetivo.

Ningún otro concepto entrará en mi mente. Mi única preocupación es perder peso rápidamente.

Me niego a continuar esperando los resultados. Mi responsabilidad sobre mi salud recae ahora en mí. Mis hombros se relajan y el peso los presiona menos.

Estoy enfocado. Tengo un objetivo claro en mente y la visión de lo que quiero en mi cabeza parece tan evidente y clara. Si extendiera la mano, creo que podría tocar la forma física de mi objetivo. Mi yo se recupera. No quiero esperar a que la dieta sea efectiva.

Junto mis manos alrededor de mi meta y mi cuerpo y siento que estoy perdiendo peso. Estoy presente en mi cuerpo actual. Podría ver a alguien más saludable dentro de mí que está esperando para salir. Estoy enfocado.

Estoy disculpandolo por las ocasiones en las que no funcionó. En el pasado, he intentado y fallado, pero ahora entiendo que fueron lecciones. No dejaré que los miedos de lo que ha sucedido en el pasado influyan en lo que quiero hacer en el futuro. Me preparo para este nuevo día.

Estoy ansioso por las cosas que me esperan en el futuro. Cada obstáculo que rechacé en el pasado me dio una lección sobre cómo lidiar con los obstáculos que me encontraré en el futuro. Estoy tranquilo con los obstáculos que surgirán en mi camino.

Estoy preparado para el reto. Mi cuerpo fue creado para hacerlo. Hasta ahora, todo lo que he hecho me ha enseñado cómo superar mis miedos y obtener los resultados que he estado buscando. Cuando antes me sentía débil, era simplemente porque todavía no estaba lista.

Hoy estoy más preparado que nunca. Estoy ansioso por presenciar el éxito que me espera. No tengo miedo de nada de lo que pueda ocurrir. Me lo merezco, así que sé que esto sucederá para mí.

Me concentraré exclusivamente en perder peso. Todas las demás partes de mi vida existirán para ayudarme a lograr esta meta. Los obstáculos que me enfrento en el trabajo me enseñarán cómo organizar mi estilo de vida para que sea saludable. Cuando salga con amigos y tenga la tentación de comer alimentos poco saludables, recordaré que esto es una prueba de mi lealtad a mí misma, no a mi objetivo.

Solo estoy buscando lo que más quiero. Mi mente está llena de ideas sobre cómo lograré este objetivo, y todo lo que haga en este momento estará enfocado en perder peso. Será más rápido y fácil para mí ver los resultados de la pérdida de peso que he estado esperando cuando me concentre.

Los obstáculos que me han retrasado en el pasado ya no existen. He reconocido todas las cosas que antes me pesaban. No me molesta tanto el estrés que me causaba el deseo de comer emocionalmente ahora.

Ahora tengo otros mecanismos de afrontamiento además de la alimentación cuando se desencadenan mis hábitos pasados de comer de manera poco saludable. No tengo miedo de hacer ejercicio. No me preocupa el juicio. Soy consciente de que debo trabajar en mi cuerpo. El yo saludable está esperando, y solo necesito estar preparado para superar los desafíos que surjan.

Soy consciente de que todo está en mi mente. Soy la única persona autorizada para realizar estas tareas. Estoy a cargo de decidir si lograré o no este objetivo. Nadie más será responsable de hacerme perder rápidamente el peso. Aunque otros pueden influirme, no pueden y no tendrán control sobre lo que hago.

Estaré informado y basado en este proceso. Estaré preparado cuando esté consciente de lo que estoy haciendo y tenga en cuenta todas las cosas que entran en mi cuerpo. Reconoceré cuando tenga un mal día y haré planes para ayudarlo a continuar con mi plan. Con pensamientos alentadores listos para ayudarme y mantenerme en este proceso, estaré preparado para cuando quiera rendirme.

Todo será exitoso. Todo lo que estoy ansioso y esperando llegará a mí. Tengo que continuar mirando hacia adelante y descubrir toda la grandeza que me aguarde. Estoy preparado para alcanzar el éxito que he estado ansiosamente esperando.

Perder peso se siente rápido después de que uno persevera. Cuando pueda mirar hacia atrás en mi proceso, descubriré que el peso se ha eliminado tan rápidamente.

Un año puede cambiar tu vida. Aunque esto puede parecer tan lejano, tengo que considerar cuánto tiempo ya ha pasado. Ha pasado un año desde que tenía la intención de esto, y aún más. He querido esto más del que he intentado hacerlo. Es mejor hacer lo menos que pueda en un día que no hacer nada en absoluto. Mis días menos productivos se añaden a los días en los que no he logrado nada. Estoy preparado para esto.

Mi respiración rítmica me ayuda a relajar mi mente, cuerpo y alma. Mi cuerpo fuerte y poderoso me viene a la mente con cada respiración. Me siento motivado e inspirado para continuar. Más que nunca, estoy preparada para triunfar en lo que me queda por delante.

Respiro profundamente durante tres, dos y un segundo. Exhalo ahora por tres, dos y uno. Mientras el aire entra y sale de mi cuerpo, sigo contando lentamente con mis respiraciones. Estoy preparado. Soy poderoso. Me siento preparado.

Es hora de ponerme al día o quedarme dormido. Mientras cuento de nuevo desde diez, saldré de este estado meditativo y volveré al mundo, lo que me ayudará a lograr mi objetivo de perder peso. Las cifras son diez, nueve, ocho, siete, seis, cinco, cuatro, tres, dos y uno.

Meditación para perder peso de manera natural

Esta meditación se enfocará en la pérdida de peso natural. Escucha esto directamente o repite el guión con tu propia voz y usa eso para ayudarlo a meditar. Cuando estés listo, encuentra una posición cómoda y comienza. Deja que estos pensamientos fluyan naturalmente por tu mente, como si estuvieras hablando de ellos.

Cada respiración que entra y sale de mi cuerpo es perceptible para mí. Siento mi respiración tan natural. Mientras estoy sentada cómodamente, con mis hombros relajados, puedo sentir mis pulmones expandirse y mi pecho enderezarse. Me siento conectado a la tierra porque el aire me da vida. El oxígeno es esencial para todo ser vivo. El oxígeno es necesario incluso para el fuego.

El aire es bueno, como se puede ver por las cosas que me rodean. El aire es sano. Las cosas que existen naturalmente en mi mundo son saludables. Se supone que debo actuar de acuerdo con mi naturaleza.

Las cosas más fáciles son las que se sienten bien. Se siente natural estar más saludable que ahora. Para mí, es lo más sencillo. Me siento cómodo cuando siento agua. Beber agua y llenar mi cuerpo con lo que es natural me hace sentir bien. Estoy perdiendo peso cuando estoy saludable. Mi cuerpo se está adaptando a su estado natural cuando consumo alimentos de la tierra y hago ejercicio de la manera que debería.

En el pasado, he considerado y tal vez incluso tomado medidas poco saludables. Algunas empresas me han persuadido para que tome medidas drásticas, utilizando suplementos y dietas rápidas.

Ninguna de estas medidas me resultó efectiva. Esto se debe a que, según mis conocimientos actuales, la única forma de perder peso es hacerlo de manera natural. Puedo hacer cualquier cosa cuando puedo hacerlo. La única forma de lograr el éxito es perder peso de forma natural. Debido a que no se esperaba que funcionaran, los demás métodos no me han funcionado.

Ahora se supone que debo perder peso de manera saludable. Voy an asegurarme de comer los alimentos adecuados y hacer lo que mi cuerpo debe hacer.

Me disculpo por haber causado daño físico. Necesito perder peso de manera natural porque no quiero experimentar dolor adicional. Cualquier dieta rápida solo daña algunos de mis órganos. Necesito cuidar mi piel porque es la única que tendré. Debido a que no tengo otras opciones, merezco tratar bien a mi cuerpo. Esto va a ser lo que me ayude a lograr mis objetivos y me lleve an un lugar que nunca he imaginado.

Ahora entiendo que para vivir una vida larga y feliz, necesito estar saludable. Cualquier atajo que tome solo hará eso; simplificar las cosas. No quiero una vida breve. Me gustaría tener una vida larga y feliz. Esto es posible cuando cuido mi cuerpo. Puedo disfrutar de mi vida sin preocuparme por mi salud tanto como ahora.

Merezco comer alimentos saludables que me brinden un bienestar físico. Me merezco todo lo bueno que me pase en el futuro. No deseo más recibir castigos por acciones naturales.

Me gusta comer saludablemente porque me sentiré mejor en general. Aunque a veces puedo permitirme comer comida chatarra, entiendo que comer saludablemente es mi única opción a largo plazo.

El ejercicio beneficia a mi cuerpo porque lo fortalece. Me siento más fuerte cuando puedo correr o hacer ejercicio. Siento que tengo el control de mi vida cuando sé que todos los músculos de mi cuerpo trabajan juntos para llevarme a lugares increíbles.

Me siento fuerte física y mentalmente al estar en forma. Tengo seguridad en mi cuerpo. Me mantengo sólido y confiado. Mi postura demuestra mi autoestima y la salud de mi cuerpo. Me siento de lado y mantengo las piernas estiradas para evitar una mala postura.

Quiero ser fuerte y saludable para que pueda moverme fácilmente. Me encanta poder subir las escaleras y salir a caminar cuando me siento bien físicamente. Es más fácil estar en forma física cuando estoy con otras personas para que podamos hacer ejercicio juntos sin preocuparme por cómo me veo o me siento.

Cuando estoy perdiendo peso de forma natural, puedo ser más activo con mis amigos y mi familia. Cuando estoy bajando de peso de manera natural, amplio mis opciones de actividades porque sé que puedo hacer cualquier cosa. No me preocupa lo que pueda suceder en el futuro.

Comer una dieta natural me brindará más beneficios de salud que perder peso. Cuando tomo decisiones saludables, puedo reducir mi riesgo de contraer ciertas enfermedades y cánceres. Acepto que mantener ciertos pesos será más difícil con la edad, pero siempre seguiré practicando hábitos saludables y naturales porque eso es lo más importante.

Si tomo suplementos, no me ayudarán durante mucho tiempo. Puedo demostrarle a mi cuerpo cuánto lo amo perdiendo peso de forma natural. Me estoy preparando para tener menos preocupaciones en el futuro.

Esto me tranquiliza saber que bajaré de peso naturalmente sin dañar mi cuerpo. Cuando sepa que puedo perder peso de manera natural, no tendré que preocuparme por tener otras complicaciones de salud con mi cuerpo.

Mi respiración rítmica me ayuda a relajar mi mente, cuerpo y alma. Dejar que el aire entre y salga de mi cuerpo se siente tan natural. Esta respiración me ayudará cuando necesite hacer ejercicio en el futuro. Siento el aire entrar y salir de mi cuerpo lentamente. Me recuerda cada respiración que hago que estoy vivo y que merezco vivir la vida más feliz posible.

Es momento de concentrarme o quedarme dormido. Mientras cuento de nuevo desde diez, saldré de este estado meditativo y volveré al mundo, lo que me ayudará a lograr mi objetivo de perder peso. Las cifras son diez, nueve, ocho, siete, seis, cinco, cuatro, tres, dos y uno.

La Meditación

Muchas personas creen que meditar es una forma de aislarse del mundo y pasar an un estado de inconsciencia, que es una forma de autohipnosis. Pero la meditación no es solo eso; al meditar, nuestra conciencia se eleva y así, no solo captamos lo que ocurre a nuestro alrededor, sino que también somos conscientes de lo que pasa dentro de nosotros.La meditación nos ayuda a relajar nuestro cuerpo y nuestra mente, lo que nos permite experimentar las sensaciones del momento. Si lo hacemos en un monte, podremos escuchar sonidos que normalmente no escucharíamos. La vida no nos permite hacerlo.

Sin embargo, todos hemos practicado la meditación en algún momento. Muchas veces hemos dicho "deja que lo medite" o "esto hay que meditarlo" al enfrentar un problema o una decisión, o al escuchar música o ver el mar o un paisaje hermoso que nos cautiva. Por lo tanto, podemos afirmar que la meditación es una parte integral de nuestras vidas.

Podemos decir que la meditación hace que seamos capaces de captar y vivir las sensaciones del momento en el que estamos porque nuestro cuerpo y nuestra mente se relajan.

La palabra meditar significa estudiar, pensar en algo, reflexionar sobre algo. En otras palabras, analizamos la situación, problema o decisión que se nos ha presentado. Por lo tanto, se puede afirmar que en el mundo occidental meditar se refiere a la reflexión o pensamiento sobre algo. Lo que ocurre es que llevamos a cabo una mayor cantidad de lo que podríamos denominar meditación activa, meditar con un propósito específico, mejorar la memoria, la salud, etc.

En Oriente, meditar significa estar en calma para poder penetrar en nosotros mismos. una forma relajada y tranquila de observar nuestra mente y nuestro cuerpo sin juzgarlos. Dejar que las cosas sean como son, dejar salir lo que realmente somos sin interferir en ningún momento. Por lo tanto, meditar es permitir que uno sea quien es. En esta situación, se emplea con mayor frecuencia la meditación pasiva, cuyo objetivo es lograr una sensación de relajación, dejarse llevar o bien conectarse con nosotros mismos.

Nuestras vidas están llenas de tensiones, estrés, prisas y mal humor, lo que nos obliga a mantener una estabilidad constante para evitar depresiones y otros estados anímicos desfavorables. Pero esta estabilidad es tan frágil que cualquier cosa que suceda en nuestra vida puede romperla.

Por cultura, tradición o enseñanza, siempre estamos mirando hacia nuestro exterior, sin percatarnos de que dirigir la mirada hacia nuestro interior es lo más importante para nuestra vida. Ahora que la vida nos agota y nos estresa, y todo ese conjunto de cosas externas a nosotros que hacen que nuestra mente se vuelva loca con su ruido, es necesario pararnos, descansar, silenciar nuestra mente y aprender an entrar en nosotros mismos para encontrar un equilibrio interno que no podemos encontrar fuera.

En nuestro interior encontraremos el equilibrio, la paz, el amor y la felicidad que necesitamos para continuar. Si hay paz y armonía en nuestro interior, podemos sentirnos bien donde estemos y lo que nos rodee.

La vida agitada que llevamos ha llevado an olvidarnos de quienes somos en realidad, seres divinos con una gran capacidad de amor, fuerza de voluntad y fortaleza, algo que nadie nos puede quitar, que siempre están con nosotros y que solo tenemos que saber que están dentro de nosotros y emplearlos.

La meditación no es un acto religioso; es solo una forma de entrar en ti mismo, encontrar paz, equilibrio, serenidad y amor. Es "un recargador", pero con una energía poderosa y duradera que está dentro de ti. Te das cuenta de que tu vida cambia cuando practicas la meditación, mantienes más armonía interna, controlas el estrés y aprendes a dirigir tu vida. La meditación requiere práctica y paciencia, pero nunca esfuerzo físico o mental.

La Meditación: El Arte De Mantenerse Alerta Y Relajado

Muchas personas se preguntan qué hace que la relajación y la meditación sean diferentes.

En realidad, no existe una separación muy evidente. Es muy natural entrar en un estado de meditación cuando estamos en un estado de completa relajación. Para lograrlo, solo tendremos que mantener nuestra relajación por breves minutos y podremos entrar fácilmente en meditación.

Cuando meditamos, el tiempo desaparece y los problemas del día a día ya no tienen importancia; dejamos de pensar en el pasado y nos concentramos en el momento de calma y tranquilidad que disfrutamos. Cuando nuestro verdadero yo emerge, podemos ver el mundo desde una perspectiva más amplia.

Concepto e ideal: el camino de la reverencia

Todo esto se suma an una condición adicional que, como un sonido general de anímica, atraviesa la vida meditativa.

"No se pueden alcanzar altos niveles espirituales sin pasar por la puerta de la humildad", se dice. La página 12 del libro "¿Cómo se logra el conocimiento de los mundos superiores?"

* La humildad es el único camino hacia la elevación espiritual. Rudolf Steiner

24

Es el así llamado "sendero de la veneración". Solo aquellos que logran dominar la actitud anímica del niño pequeño de contemplación, asombro, admiración y veneración pueden alcanzar los conocimientos superiores.

Los ejemplos citados que ilustraron el contacto de lo espiritual en el ser humano y de lo espiritual en el Universo, producen naturalmente esta actitud. El hecho de buscar estas vivencias de manera consciente y vincularse con la sensación correspondiente, cultiva esta actitud fundamental. La veneración como actitud anímica sólo muy rara vez está dada hoy en día de manera natural y también aparece con alguna justificación a través de la historia como algo anticuado. Sin embargo, aquí se trata en particular de la fuerza de abrir el alma a lo admirable, a lo superior, a lo espiritual en el mundo. Se puede ilustrar a esta fuerza a modo de ejemplo de esta manera; se toma uno el tiempo un rato cada día a la noche para buscar en la representación una vivencia del día, que sea apropiada para crear la sensación de admiración y veneración.

Luego se intenta, mediante la representación del recuerdo, de producir la sensación correspondiente. Eso conducirá a prestar atención especialmente al día siguiente a tales vivencias y a acompañarlas de manera anímica. También se puede contemplar a un objeto, la casita de un caracol, una flor, un cristal, para crear la sensación quizá primeramente leve, pero luego ascendente de esto. Siempre se trata de elevar su alma de la conciencia crítica cotidiana y aprender a contemplar hacia arriba a lo superior, durante tanto tiempo hasta que se vuelva una actitud de vida. Quien comience con esto, pronto se hará consciente de cuán infinitamente

mucho de lo que sale a nuestro encuentro a diario es apropiado para esto. El mundo se torna más rico. El curso solar, el cielo estrellado, la capacidad de hablar, el milagro del propio cuerpo, el rostro humano, la madre con su niño, la idea del ser humano libre, etc. Si desarrollamos la actitud de adoración frente a las ideas asimiladas, entonces eso nos conduce a la frase, con la que Rudolf Steiner resume el primer capítulo de su libro de enseñanza:

"Toda idea que para ti no se convierta en ideal, destruye una fuerza en tu alma; toda idea que se convierta en ideal, crea dentro de ti fuerzas de vida." (pág. 12 del libro "La Inicia ción ¿cómo se alcanza el conocimiento de los mundos superiores?") Nuestro pensar diario capta por lo general un pensamiento de una manera meramente superficial y puede pasar velozmente al próximo pensamiento. Si deseamos unirnos intuitivamente con lo que experimentamos a través de nuestro pensar, debemos des-acelerar el proceso. La sensación no se instala tan rápidamente como el pensamiento. Pero luego nos re-lacionamos con él de otro modo. Él se hace vinculante.

Y experimentamos en nuestro interior lo que reconocemos. Aprendimos cómo llegar de la cabeza al corazón. Recién hemos tomado posesión del concepto.

¿Cuál es la distinción entre un concepto y un ideal? Cualquier persona puede ver una idea como un conjunto de pensamientos. Si conectamos la idea que hemos captado con nuestro corazón, podemos elevarnos a través de ella. Ella se vuelve nuestro ideal personal, hacia el cual aspiramos mirando hacia arriba cuando la hemos comenzado an amar absolutamente de tal forma que ya estamos dispuestos an instalarla.

26

Es el aspecto instintivo y volitivo que se añade a la fuerza individual, lo que hace de la idea un ideal.

Además, según la cita de Rudolf Steiner, es imposible convertir varias ideas en ideales a nuestra voluntad. Los ideales no son obligaciones impuestas desde fuera, no "se" deben, sino que son algo que quiero hacer con entusiasmo. Por lo tanto, recae nuevamente en mí determinar cuál es mi ideal ahora y en el futuro. El ideal que concibo en este momento se relaciona con la realidad y la posibilidad de que se logre en el futuro. Pero para que siga siendo un ideal, debo seguir buscando el objetivo futuro en mi presente. Si, por ejemplo, tengo la meta de mejorar como persona, esto queda en un pensamiento de deseo retórico hasta que sepa concretamente qué hago hoy y mañana para lograr este objetivo.

La confrontación con la Antroposofía, que siempre ofrece grandes ideas, presenta el peligro de que la relación entre ideas e ideales se desarrolle en función de los ideales. Por lo tanto, tenemos una mayor comprensión de lo que experimentamos y actuamos, y sobre todo siempre sabemos mejor lo que deberíamos hacer. Además, comunicamos con entusiasmo an otros sin consultar, pero hemos conectado poco esto con nuestro propio corazón y lo hemos hecho más específico. La Antroposofía se ve fácilmente descréditada debido a que se presenta como simples instrucciones y no se "vive" en absoluto lo que propone. La ciencia espiritual requiere que el individuo sea consciente de la limitación del gran océano de posibilidades, lo que conlleva fácilmente a la sobreabundancia y, por lo tanto, a la superficialidad 27. Al principio de todo, la veneración como actitud fundamental y un idealismo individual son las condiciones del camino de enseñanza antroposófico.

La Tecnología De La Meditación Para Expandir La Mente

El tiempo es el mejor activo en la vida. Vive el momento presente. Adaptarse al presente momento. El éxito se encuentra en el presente.

El sentimiento de éxito, tanto en la vida personal como profesional, surge de la suma de tres grandes dimensiones. Primero, el esfuerzo individual. Nuestro esfuerzo y sacrificio. En segundo lugar, cómo abordamos la vida. la innovación. Aunque podemos esforzarnos en abordar un desafío desde una sola perspectiva, abrirnos a más opciones de resolución es aumentar exponencialmente las posibilidades. En tercer lugar, nuestra habilidad para crear y mantener una condición de salud y bienestar ideal.

Cuando podemos equilibrar estas tres dimensiones, nos sentimos afortunados.

Esto implica que el éxito y el talento están relacionados, tanto a nivel personal como organizacional. Sin embargo, el talento sigue siendo un misterio. El talento es la habilidad natural o aprendida para realizar una tarea de manera eficiente y eficaz. Es un concepto que está relacionado con la aptitud y la inteligencia. El talento proviene de las profundidades de nuestra mente.

El mito común es que solo usamos el 10% de nuestro cerebro. Actualmente, estamos conscientes de que esta afirmación no es precisa ni tiene respaldo científico. El neurocientífico Barry L. Beyerstein establece siete tipos de pruebas que desmienten el mito del diez por ciento a partir de estudios realizados sobre si realmente solo usamos ese porcentaje: daño cerebral, evolución cerebral, imágenes cerebrales obtenidas por tecnologías PET y MRI, localización de funciones, análisis microestructurales, estudios metabólicos y enfermedades neuronales.

Sin embargo, hay una gran variabilidad en el uso de nuestros recursos en nuestra vida diaria. Por lo tanto, hay individuos que son muy resolutivos y otros que no. En general, podemos decir que usamos una parte de nuestro potencial de manera consciente. El ser humano tiene una capacidad infinita. Ese potencial está en tus manos.

Todos experimentamos flashes de creatividad pura en este sentido. Nuestro mayor potencial de inteligencia creativa se encuentra dentro de nosotros, en el nivel subconsciente. Es una mezcla de energía, creatividad y alegría. La capacidad de resolución de problemas aumenta significativamente cuando logramos que emerja. Cuanto más enfocamos nuestra atención en el silencio de nuestra conciencia, más genuinos y auténticos somos. Nos aventuramos más allá de nuestro mundo habitual. La creatividad es romper las barreras y fluir con la fuerza organizadora total de la naturaleza.

Hacer emerger la inteligencia creativa es la verdadera clave para dirigir nuestra vida con éxito. El talento y la genialidad[8] nos permiten superar nuestras limitaciones mentales. Es un salto cuántico que cambiará tanto el mundo donde vivimos como nuestras vidas.

¿De dónde proviene la creatividad? Todos los genios admiten haber visualizado primero sus ideas; afirman que surgió una idea en su mente y luego trabajaron en ella.

Todas nuestras actividades en la vida son planificadas y dirigidas por nuestra mente consciente (9). El campo de la acción, la palabra, el pensamiento consciente, la inteligencia, el intelecto, los sentimientos y las emociones y nuestro ego surgen desde ese nivel.

modelo para el desarrollo psicológico. El nivel es donde se materializa el nuevo paradigma del liderazgo consciente.

La figura muestra un gráfico relativamente complejo sobre el modelo de desarrollo psicológico, que es el resultado de mi proceso personal y estudio.

Las primeras líneas en un plano argand16 de ordenadas y abscisas representan el espacio, mientras que las segundas líneas representan el tiempo. La estructura de nuestra mente, desde los niveles superficiales (nivel consciente) hasta los niveles más profundos del subconsciente, se describe en la parte derecha del gráfico. Una campana representa el nivel de energía, que es mayor en el subconsciente que en el consciente.

El campo de la acción, la palabra, los sentidos físicos y los deseos se encuentran en la parte más superficial de nuestra mente consciente. Es un espacio con un propósito claro. Es el área de la actividad física diaria, donde hay una gran cantidad de materia y una cantidad menor de energía. La inteligencia y el conocimiento están en una capa más baja, donde hay más energía. Nuestros sentimientos y nuestro ego se encuentran en una capa más profunda. Es más difícil objetivar este nivel de energía. Aunque cueste más definirlo, un sentimiento tiene más influencia que un pensamiento específico. La parte más profunda de la mente consciente es el ego. Nuestro nivel de conciencia es YO. Es el arquitecto, el constructor de formas y nuestro principal conseguidor. Todo lo que hacemos en nuestra vida se planifica desde este nivel. Los modelos de desarrollo psicológico actuales van desde niveles más objetivos y materialistas hasta niveles de educación del ego. En escuelas, institutos, centros de formación y universidades, la mayor parte de la educación y formación que recibimos está enfocada en el desarrollo de estos niveles: formación en materias interdisciplinarias clásicas, muy orientadas a la actividad y la acción, sobre todo al desarrollo de habilidades. La educación de nuestro ego, moral y ética ha sido abordada de manera más concisa en los entornos familiares, sociales y religiosos. El modelo de realización contemporáneo se refiere an este modelo.

Como se mencionó anteriormente, experimentamos un nivel de ineficacia en el comportamiento en todas las áreas y escalas de la sociedad a pesar del esfuerzo. Por lo tanto, el modelo actual de desarrollo psicológico no es adecuado para satisfacer las necesidades actuales. Esto lleva an una consideración evidente: los recursos destinados en el nivel consciente son solo un porcentaje del total de recursos disponibles.

Abraham Maslow13 sostiene que el cumplimiento de las necesidades vitales lleva an una persona a madurar psicológicamente a lo largo de su vida. Las piezas fueron colocadas en una pirámide (la pirámide aparece invertida en el gráfico para facilitar la explicación, pero funciona de igual manera). En los niveles 1 y 2, las necesidades que "necesitamos y deseamos" para nuestra propia supervivencia y seguridad física se encuentran en la base de la pirámide. Es un nivel de necesidades que está relacionado con la capa más superficial de nuestra mente consciente: acciones, sentidos y deseos.

La necesidad básica de satisfacer y satisfacer nuestros deseos y necesidades más básicos, como respiración, alimentación, sexo, equilibrio hemostático y descanso, es algo que necesitamos en nuestra vida. Además, en lo que respecta a nuestra seguridad física, laboral, de recursos, moral y ética, familiar, de salud y de nuestra propiedad privada. Trabajamos y nos esforzamos para establecer una base sólida que garantice la supervivencia.

En general, las necesidades adicionales, como la pertenencia o la afiliación, surgen a medida que alcanzamos un nivel de consecución. La amistad, el afecto, la intimidad sexual, el poder del grupo y la aceptación social son componentes esenciales de la necesidad de afiliación. Nuestro intelecto y inteligencia están relacionados con estas necesidades. Ya no solo se enfocan en lo que necesitamos; ahora se enfrentan al dilema de elegir entre lo que queremos y cómo lo queremos. El nivel más alto de nuestras necesidades conscientes, que pertenecen a nuestro ego, es el reconocimiento (nivel 4). La confianza, el nivel de competencia y maestría, los éxitos personales o, como sociedad, la independencia y la libertad son algunas de las cosas que uno necesita para ser respetado.

Tanto en el individuo como en la sociedad, el reconocimiento es esencial. Los premios son una consecuencia de su importancia. El Premio Nobel, por ejemplo, es el reconocimiento más alto que se puede conceder a alguien por las contribuciones que ha hecho a la sociedad en su campo. El conflicto entre sociedades es otro ejemplo de reconocimiento social que hemos seleccionado. La situación en Cataluña y en España es un ejemplo. Es una cuestión de orgullo. Es necesario reconocer las diferencias propias. La falta de conocimiento de los valores y singularidades del otro crea un vacío considerable, si no enorme. No se puede alcanzar la autorrealización de estas sociedades si no se aborda este vacío fundamental, lo que resulta en la aparición de conflictos. La estima, la reputación, el estatus, la fama, la gloria y el dominio son otros ejemplos de reconocimiento.

Maslow superó el estado de reconocimiento. Vislumbró un estado psicológico superior donde se alcanza el mayor nivel de desarrollo humano. En él se muestran los niveles más altos de integridad, creatividad, espontaneidad, falta de prejuicios, aceptación de los hechos y resolución de problemas. El estado de autorrealización (nivel 5)

Es un estado psicológico en el que tenemos una percepción superior de la realidad y estamos conectados con el campo de la conciencia pura dentro de nuestro subconsciente. Un estado que surge del silencio profundo de la conciencia y transmite las características del poder organizador de la naturaleza a nuestra mente consciente. El individuo experimenta una sensación de comunión con todas las leyes naturales que crean y sustentan su vida. Conlleva un aumento de la aceptación de uno mismo, más confianza, una filosofía de vida más positiva, un pensamiento espontáneo y libre, un aumento significativo de la claridad mental y la creatividad, una fuerte empatía por los demás y una profunda preocupación por los valores humanos: verdad, belleza y justicia.

Los estrategas no tienen el mismo potencial de liderazgo y rendimiento que las personas autorrealizadas. Sin embargo, representan solo el 1% de la población social.

La meditación es una técnica que permite a la mente consciente conectarse con los niveles más profundos de la conciencia. El estado de autorrealización se despliega en este nivel. De manera sistemática, podemos alcanzar este nivel mediante la meditación. En consecuencia, el individuo sufre una transformación significativa tanto física como psicológica. Como resultado, y con el paso del tiempo, también de la sociedad.

La meditación nos conecta con el origen del pensamiento. el origen del conocimiento que sustenta nuestra naturaleza física. Nos enfrentamos al potencial creativo de la ley natural.

Algunas empresas se han dado cuenta y han establecido programas para desarrollar a sus empleados. Google□ es una ilustración evidente. Es una empresa innovadora que utiliza el talento de sus empleados. Desde 2007, la empresa ha brindado a sus empleados un programa de formación en meditación llamado

"Busca en tu interior" (en inglés, Search Inside Yourself)15 para promover su desarrollo personal y profesional. El objetivo es aumentar el talento, el estado de bienestar y la felicidad en el trabajo y mejorar el ambiente laboral.

Hoy en día, muchas empresas y organizaciones han desarrollado programas de bienestar que incluyen programas y cursos de meditación para el desarrollo personal y la salud.

Personalmente, he trabajado con equipos de alto rendimiento durante más de siete años en más de treinta empresas de España, de todos los sectores de actividad y tamaño. Esto puede dar una idea del nivel creciente de interés por parte de las organizaciones en incorporar los programas de desarrollo personal y, en particular, la meditación, como herramienta para la generación de talento y la transformación de comportamientos.

1. En su estado natural, el poder soberano interior se enfrenta a lo que sucede como siempre para adaptarse fácilmente a lo que se le presenta. Esto se debe a que no pone su afecto en ningún material de su propia elección, sino que se fija en sus objetos con una reserva y luego hace la oposición que encuentra en material para sí mismo. Es como un fuego: domina lo que cae en él, por lo que se habría apagado una pequeña conicidad, pero un fuego brillante se apropia muy rápidamente y devora lo que está amontonado sobre él, y salta más alto de esos mismos obstáculos.

2. Todo lo que se haga debe hacerse con un propósito y de acuerdo con un principio que haga perfecto el arte de vivir.

Los hombres buscan lugares para retirarse, como el campo, la costa y las colinas, y también está acostumbrado a sentir la misma necesidad. Sin embargo, todo esto es muy diferente a lo que es un filósofo, ya que puede retirarse en cualquier momento. Un hombre no se retira a la tranquilidad o la privacidad en ninguna parte más que en su mente, especialmente cuando tiene cosas en su interior que solo tiene que mirar y se vuelve en perfecta facilidad; y con "facilidad" quiero decir nada más que buena conducta. Por lo tanto, concédase este retiro constantemente y repóngase a sí mismo. Pero que sean verdades breves y fundamentales, que con su presencia serán suficientes para limpiar todo el dolor y devolverte a la vida a la que vuelves sin sentir repugnancia.

¿Cuál será la razón detrás de tu enojo? ¿La maldad de los seres humanos? Recordad el juicio de que las criaturas razonables han venido al mundo por el bien de los demás; que la paciencia es parte de la justicia; que los hombres hacen el mal involuntariamente; y cuántos al fin han sido puestos en sus lechos de muerte y se han convertido en polvo después de la enemistad, la sospecha, el odio, la guerra. Esto debería inspirarte a reflexionar. ¿Sería desagradable para ustedes lo que se asigna desde la Naturaleza Universal? Revive la opción de "o la Providencia o los átomos ciegos", así como las múltiples evidencias que indican que el Universo es una especie de comunidad colaborativa. ¿Las cosas de carne aún te pegarán? Reflexione que el entendimiento, cuando toma el control de sí mismo y reconoce su propio poder, no se mezcla con el espíritu vital, sea su corriente lisa o rota, y finalmente reflexione sobre todo lo que ha escuchado y consentido sobre el dolor y el placer.

¿Te distraerá la mera gloria? Observad cómo todos los seres humanos son olvidados rápidamente; el océano infinito que se abre y se cierra detrás de nosotros; la brecha de los aplausos, la inestabilidad y la locura de aquellos que parecen hablar bien de nosotros, y la pequeña habitación en la que está confinado. Esto debería obligarte a detenerte. Toda la tierra es un punto en el espacio, y un rincón de ella es tu hogar, y cuán pocos e insignificantes son los que cantan tus alabanzas aquí.

Por lo tanto, recuerda tu retiro en este pequeño dominio que eres tú mismo, y sobre todo, no te molestes en el potro de tortura, sino sé libre y mira las cosas como un hombre, un ser humano, un ciudadano, una criatura que debe morir. Entre lo que está más preparado para transmitir en lo que observará se encuentran estos dos: el primero es que las cosas no se apoderan de la mente, sino que permanecen inmutables y que las perturbaciones provienen solo del juicio interior; el segundo es que todo lo que sus ojos observan cambiará en un instante y ya no será lo mismo; y piense en cuántas veces ya ha sido testigo de cambios.

El universo es transformación y la vida es perspectiva.

4. Si todos tenemos la mente, entonces también tenemos la razón por la que somos seres racionales. Si es así, es común que ordene lo que se debe

hacer o dejar de hacer. Si esto es cierto, la ley es común y todos somos ciudadanos y parte de una constitución, lo que significa que el universo es una especie de comunidad. ¿En qué otro gobierno común podemos afirmar que involucra a toda la humanidad? Nuestra mente, nuestra razón y nuestro entendimiento de la ley provienen de esta Ciudad común, ¿o de algo más? En mi mente, lo terrenal es una parte de una tierra, lo acuoso de otro elemento, el espíritu vital de una fuente y lo caliente y ardiente de una fuente propia. De la misma manera, la mente ha procedente de una fuente.

La muerte es como el nacimiento, un misterio de la naturaleza, un encuentro de elementos idénticos y una disolución en el mismo. En términos generales, no es algo de lo que el ser humano debería sentir vergüenza, ya que no va en contra de lo que es adecuado para una criatura lógica ni al principio de su estructura.

6. Si alguien desea que esto sea de otra manera, la higuera no debería dar

su jugo acre; estos son los resultados naturales y necesarios de criaturas de este tipo. Recuerde, en general, que tanto él como usted morirán pronto, y poco después ni siquiera quedarán sus nombres.

Deja de lado el juicio, el término "estoy herido" y el daño mismo.

Lo que no deteriora an un hombre, no deteriora su vida, ni causa daño externo ni interno.

9. Era una ley de necesidad que lo que es naturalmente beneficioso debería llevarlo an esto.

"Todo ocurre de manera justa". Si observa cuidadosamente, descubrirá que esto es así. No solo me refiero a la serie ordenada de eventos, sino también a la justicia, y por lo tanto, a alguien que asigna lo que tiene respeto al valor. Observad cómo comenzaron y procedieron con esto, actuando con amabilidad en la definición del hombre virtuoso. Puedes mantener esta amabilidad en todo lo que hagas.

No juzgues las cosas a la luz de quien las hace mal, ni de la manera en que él quiere que las juzgues, sino míralas como realmente son.

Debéis estar siempre preparados de estas dos maneras: la primera, sólo para actuar de acuerdo con el principio del arte regio y legislador en beneficio de la humanidad; la segunda, para cambiar vuestro propósito, si es que hay alguien allí para corregiros y guiaros lejos de alguna fantasía vuestra. Sin embargo, la orientación debe siempre provenir de una convicción de justicia o de beneficio común, y lo que prefiera no debe ser porque parezca agradable o popular, sino porque es similar.

¿Tienes razón? ¡Es verdad, la tengo! ¿Por qué no la usas? ¿Qué más deseas si esto es lo que está haciendo?

Viniste al mundo como un componente. El proceso de cambio te llevará a su razón generativa o desaparecerá en lo que te dio a luz.

Sobre el mismo altar hay una gran cantidad de granos de incienso; uno cae primero, otro después, pero no hay diferencia entre ellos.

Si vuelves a tus principios y a tu reverencia a la Palabra, dentro de diez días aparecerás como un dios incluso an aquellos a quienes hoy les pareces una bestia o un babuino.

17. No te comportes como si fueras a vivir durante muchos años. Depende de ustedes el destino; mientras existáis y podáis, actúen adecuadamente.

La persona que no presta atención a lo que hace, dice o piensa su prójimo, sino solo a lo que hace ella misma, es justa, santa y adecuada para un buen hombre. "No te fijes en un personaje oscuro", sino que debes caminar hacia el objetivo con equilibrio y sin abandonar tu cuerpo.

19. El hombre que se agita por la fama no se imagina que cada uno de los

que lo recuerdan morirá pronto, y luego el hombre que lo sucedió, hasta que todo el recuerdo se extingue al correr por una línea de hombres que se encienden y luego se apagan. ¿Qué significa para ustedes si aquellos que evocan nunca fallecen y el recuerdo nunca desaparece? No estoy diciendo que no tenga importancia para los fallecidos; ¿qué significa elogiar a los vivos, excepto por razones prácticas? Actualmente, estáis posponiendo de manera intempestiva el regalo de la Naturaleza, que no depende del testimonio de nadie más...[2]

Todo lo que es hermoso de alguna manera es hermoso de sí mismo y termina en sí mismo, manteniendo el elogio de no ser parte de sí mismo. En cualquier caso, lo que se alaba nunca mejora o empeora. Esto también se refiere a lo que se considera bello en general, como materiales y obras de arte; ¿qué falta a lo que realmente es bello? No más que la ley, la verdad, la bondad o la reverencia de sí mismo. ¿Cuál de ellos es hermoso porque recibe elogios o corrupto porque se arrepiente? ¿Se deteriora una esmeralda si no recibe elogios? ¿Qué se puede decir sobre el oro, el marfil, la púrpura, el laúd, la espada, el capullo y la planta?

:21. Te preguntas cómo la atmósfera ha tenido espacio para las almas desde el tiempo eterno si siguen existiendo. Pero, ¿cómo se encuentran en el suelo los cuerpos de aquellos que han estado enterrados allí durante tanto tiempo? La respuesta es que, así como en la tierra, el cambio y la disolución después de una continuación por tanto tiempo hacen que otros cadáveres, así en la atmósfera, las almas pasan y continúan por tanto tiempo, luego cambian, se vierten y se encienden, siendo asumidas en el principio generativo de la Naturaleza Universal, y así dan lugar a lo que sucede a su lugar. Si suponemos que las almas siguen existiendo, esta sería la respuesta. Pero debemos tener en cuenta no solo la cantidad de cuerpos enterrados de esta manera, sino también la cantidad de animales que comemos todos los días por nosotros mismos y el resto de la creación animal. El número de aquellos que son consumidos y enterrados en los cuerpos de aquellos que se alimentan de ellos es considerable. Sin embargo, debido a que se convierten en sangre y se convierten en formas de aire y calor, todavía hay espacio para conservarlos. ¿Cómo podemos descubrir la verdad de esto? por diferenciar lo material de lo causal.

No viajes sin un propósito, sino que actúes de acuerdo con tus instintos y guardas lo que aprendiste en tu mente.

Todo lo que se ajusta a tu propósito es adecuado para mí, mi universo. En tus momentos felices, nunca es demasiado temprano o demasiado tarde para mí; todo lo que tus estaciones y la Naturaleza me brindan es fructífero para mí; todo depende de ti, en ti, para ti son todas las cosas. ¿No podrías cantar "Querida ciudad de Cecrops" en lugar de "Querida ciudad de Dios"?

"Haz pocas cosas, si quieres disfrutar de la tranquilidad", dijo

Demócrito. ¿No sería preferible hacer lo que es necesario y lo que dicta la razón de una criatura social que está destinada por la naturaleza, y de qué manera esa razón dicta? Porque esto no solo te permite hacer lo correcto sino también hacer pocas cosas. Porque si eliminamos la mayoría de las cosas innecesarias, tendremos más tiempo libre y menos interrupciones. Entonces, es importante recordarse siempre: "¿No es esto una de las cosas esenciales?" Y debe eliminar no solo las acciones innecesarias, sino también la imaginación, porque de esta manera las acciones superfluas no seguirán su curso.

Considere cómo se desarrolla la vida de un hombre bueno, que se satisface con lo que le da la Naturaleza Universal y está contento con su propia acción justa y su amable disposición.

Ya has presenciado tales situaciones, presta atención a lo siguiente: no te preocupes, mantente sencillo. ¿Es un hombre malo? Él se hace daño a sí mismo. ¿Ha tenido alguna ocasión para hacerlo? Está bien; desde el principio, todo lo que sucede fue predeterminado para ti y el hilo fue hilado. La conclusión es que la vida es breve y se debe aprovechar el momento presente de manera inteligente y lógica. No intentes ser arrogante.

Se puede elegir entre un Universo ordenado o un montón de polvo acumulado mecanicamente pero aún ordenado; o puede que el orden exista en ustedes y el desorden en el Todo. Y eso también ocurre cuando las cosas son tan distintas pero, sin embargo, se integran y armonizan.

El término "corazón negro" se refiere an un corazón que no es masculino o terco, que se asemeja an un animal salvaje, un niño o una bestia de presa. Este tipo de corazón se caracteriza por ser insensato, astuto, manipulador, mercenario y despótico.

Si alguien es un extraño en el Universo y no comprende su esencia, es igualmente un extraño que no comprende lo que ocurre en él. Un fugitivo es aquel que se escapa de la ley razonable de su Ciudad; un ciego es aquel que cierra el ojo de la mente; un mendigo es aquel que tiene necesidad de otro y no tiene todo lo necesario para la vida en sí mismo; un explícito del Universo es aquel que se rebela y separa de la razón de nuestra naturaleza común porque está disgustado con lo que sucede (porque la Naturaleza que te dio a luz también hace estas cosas); un

Un pensador no viste túnica, otro no tiene un libro y otro está medio desnudo. "Aunque no tengo comida, sigo fiel a la Palabra". Y aunque me alimente de mis lecciones, no estoy firme.

31. Disfruta del arte que te enseñaron y descansa en esto. Paso por lo que queda de tu vida como si hubieras entregado todo lo tuyo con todo tu corazón a los dioses y a los hombres, sin convertirte en un tirano ni un siervo de nadie.

Recuerda la época de Vespasiano y observarás que todo sigue siendo igual: hombres que se casan, crían hijos, enferman, mueren, luchan, celebran fiestas, comercian, cultivan, adulan, se afirman, sospechan, conspiran, rezan por la muerte de otro, murmuran en el presente, desean, acumulan riquezas y dedican su corazón a sus trabajos y tronos. Y ahora que su vida ya no está allí.

Una vez más, se vuelve al periodo de Trajano y todo sigue siendo igual. Esa vida también ha fallecido. Observen y observen los demás registros de los tiempos y naciones enteras, y observen cuántos después de sus luchas cayeron rápidamente y se desintegraron en los elementos. Sin embargo, es importante recordar an aquellos que habéis conocido que se distraen en vano, ignorando lo que era agradable a su propia constitución, para aferrarse an esto y conformarse con ello. Es importante tener en cuenta que cada acción tiene su propio valor y proporción, de lo contrario, no se sentirán abatidos si no prestan más atención an asuntos más pequeños de lo que deberían.

Las palabras que se conocían en el pasado son ahora antiguas, así como los nombres de los elogiados en el pasado, como Camilo, Caeso, Volesus, Dentatus; poco después, también Escipión y Catón; más tarde, Augusto, Adriano y Antonino. Todas las cosas desaparecen y se convierten en historias, y el olvido total las cubre rápidamente como la arena. Esto se refiere an aquellos que brillaban como estrellas para impresionar, mientras que los demás, tan pronto como respiraban, pasaban desapercibidos y no lloraban. ¿Cuál es el significado final del recuerdo permanente? La total arrogancia. ¿En qué debería un hombre invertir sus sufrimientos? Una cosa es la comprensión correcta, el comportamiento en el vecindario, un discurso sincero y una disposición que acoge todo lo que sucede, tan necesario y familiar, como si fluyera de una fuente como ella misma.

Entrega toda tu fuerza a Clotho para que su destino se transforme en una red de cosas que ella desee.

Tanto el recuerdo como la memoria son efímeras.

Considera constantemente todas las cosas que experimentan transformaciones y acostúmbrate a pensar que la Naturaleza Universal no ama nada más que cambiar lo que es y crear cosas nuevas a su imagen. De alguna manera, todo lo que es es la semilla de lo que vendrá de él, mientras que se supone que las semillas son solo las que se esparcen en la tierra o en el útero. Sin embargo, eso carece de rigor científico.

No eres aún simple, tranquilo, sin sospecha de que algo de fuera pueda herirte, no eres aún propicio para todos los hombres, ni crees que la sabiduría consiste solo en la acción justa, porque morirás.

Observad los principios que les guían, incluso los sabios, ¡qué tonterías evitan y persiguen!

39 Su maldad no se basa en el principio de gobierno de otro, ni en ningún cambio o alteración de su entorno. ¿En qué lugar está ahora? ¿Dónde está la parte de ustedes que determina el mal? No permitas que interfiera en tu juicio, y todo va bien. Aunque lo que está más cerca de él, vuestro cuerpo, sea cortado, cauterizado, supurado, mortificado, dejad que la parte que juzga sobre estas cosas descanse; es decir, dejad que decida que nada es bueno o malo que pueda suceder indistintamente al hombre bueno y al hombre malo. Porque lo que sucede indistintamente an una persona cuya vida es contraria a la naturaleza y an una persona cuya vida es conforme a la naturaleza, no es ni conforme ni contrario a la naturaleza.

Pensa constantemente en el universo como una criatura viviente que abarca un ser y un alma; cómo todo es absorbido por la única conciencia de esta criatura viviente; cómo compagina todas las cosas con un único propósito y cómo todas las cosas trabajan juntas para causar todo lo que sucede, y su maravillosa red y textura.

Según Epicteto, eres un espíritu que soporta el peso de un cuerpo muerto.

No hay nada malo en lo que sucede durante el cambio ni en lo que existe como resultado del cambio.

43. Hay un río de cosas que pasan a ser, y el tiempo es un torrente. Porque tan pronto como cada uno es visto, se ha llevado, y otro también se llevará.

44. Todo lo que sucede es tan conocido y familiar como las rosas de la primavera y las uvas del verano. La enfermedad, la muerte, la calumnia, la intriga y todo lo que alegra o entristece a los tontos también están de moda.

Siempre está relacionado orgánicamente con lo anterior, ya que no se trata de una simple lista de unidades determinadas por la necesidad, sino de una combinación racional. Debido a que el Ser está en una coordinación mutua, los fenómenos del devenir muestran una maravillosa interrelación orgánica en lugar de una sucesión desnuda.

La muerte de la tierra es el nacimiento del agua, la muerte del agua es el nacimiento de la atmósfera y la muerte de la atmósfera es el nacimiento del fuego, y así sucesivamente. Recordemos la imagen del hombre que se pierde en su camino: están en desacuerdo con lo que conversan con más frecuencia (la Razón que gobierna el Universo), y las cosas que encuentran todos los días les parecen extrañas. También se menciona que no debemos comportarnos y hablar como los hombres que duermen, ya que en el sueño suponemos que actuamos y hablamos. También se menciona que no debemos ser como los niños con sus padres, es decir, aceptar

De la misma manera que no importa vivir hasta un año que está an una distancia infinita en vez de hasta mañana, como si uno de los dioses te dijera: "Mañana estarás muerto o, en todo caso, pasado mañana", no harías más importante ese día después que mañana, a menos que seas cobarde (porque la diferencia es nimia).

Considere constantemente cuántos médicos han fallecido después de cortar con frecuencia sus cabezas por sus pacientes; cuántos astrólogos han profetizado la muerte de otros hombres, como si la muerte fuera un asunto importante; cuántos filósofos han debatido interminablemente sobre la muerte o la supervivencia después de la muerte; cuántos paladines han matado a sus miles; cuántos tiranos han ejercido su poder sobre la vida de los hombres con una arrogancia monstruosa, Atrapella a las muchas personas que conoces, una tras otra. Uno asistió al funeral de este individuo y posteriormente fue colocado en el féretro, mientras que otro lo siguió y todos en un lapso relativamente corto. Esto es lo que sucede: recuerda siempre lo efímero y barato que son las cosas del ser humano: una mancha de albúmina fue ayer, pero mañana se convertirá en cenizas o una momia. Por lo tanto, pasad este tiempo obedeciendo a la naturaleza y entregad vuestra vida con gusto, como una aceituna que, cuando esté madura, puede caer, bendiciendo a la que la ha dado a luz y agradeciendo al árbol que le ha dado vida.

Se asemeja an un promontorio que, aunque las olas lo rompan constantemente, sigue siendo estable y a su alrededor, las aguas cálidas se hunden en el sueño.Tengo mala suerte porque esto me ha sucedido. En cambio, afirmo ser afortunado porque, a pesar de lo sucedido, aún no experimento tristeza, no soy derrotado por el presente ni tengo miedo de lo que pueda ocurrir en el futuro. Cualquier ser humano podría haber experimentado tal evento, sin embargo, no todos habrían permanecido en él sin sentir dolor. ¿En qué se basa esta mala fortuna en lugar de la buena fortuna? ¿Consideras como una mala suerte lo que no es una desviación de la naturaleza humana, y consideras que lo que no se opone a su voluntad natural es una desviación de su naturaleza? Se le ha inculcado el concepto de voluntad. ¿Es posible que lo que le ha sucedido impida que la naturaleza humana pueda asegurar lo que es realmente suyo a través de su ser justo, altivo, templado, prudente, libre de juicios precipitados, confiado, autorreverente, libre, y cualquier otra cosa que por su presencia con él permita asegurar lo que es realmente suyo? Finalmente, en cualquier situación que provoque dolor, ten en cuenta que es importante aplicar esta idea: que no se trata de una desgracia, sino de una buena fortuna soportarla como un hombre valiente.

Revisar an aquellos que se han aferrado tenazmente a la vida es un apoyo poco científico, pero no por ello menos útil, para el desprecio de la muerte. ¿Qué ganan más que aquellos que fallecen antes de tiempo? En todos los casos, se les coloca en alguna tumba al final: Caedicianus, Fabius, Julianus, Lepidus y otros como ellos, que después de llevar a muchos a la tumba fueron ellos mismos llevados a la tumba. Por lo general, la diferencia es pequeña, y esta diferencia se extiende a través de los grandes trabajos, con qué clase de hombres y con qué tan débil es el cuerpo. No lo tomes como una sola cosa, ya que hay un océano de tiempo atrás y otro infinito tiempo por delante. ¿Cuál es la diferencia entre un niño de tres días y un Néstor de tres generaciones en esto?

Siempre debes seguir el camino más corto, ya que el camino natural es corto. Entonces, diga y haga todo de la manera más racional, ya que un objetivo como este libera an un hombre de los problemas y la guerra, así como de todo cuidado y superfluidad.

Magdalena Puebla, Miembro De La Coordinadora Nacional

Comunidad Internacional de Meditación Cristiana en Argentina 13 Palabras iniciales para la meditación es una práctica espiritual que se encuentra en muchas tradiciones religiosas desde hace mucho tiempo.

En este libro hablaremos principalmente sobre la meditación que tomamos de la tradición cristiana, tal como la enseña la Comunidad Mundial para la Meditación Cristiana. Esta Comunidad se ha extendido por todo el mundo y surgió de las enseñanzas del monje benedictino P. John Main osb, quien ha continuado las enseñanzas del actual director de la Comunidad, el monje benedictino P. Laurence Freeman osb.

Esta Comunidad tiene sus orígenes en los Padres y Madres del Desierto (siglos iii a v de la era cristiana), Juan Casiano, la oración del corazón (siglos iv a xiv d. c.) y la Nube del No Saber (escrito anónimo inglés del siglo xiv).

Este libro trata sobre la Meditación Cristiana y sus ventajas para mantener y mejorar la salud espiritual, psicológica y física. Primero, habla sobre la Meditación Cristiana y cómo afecta a las personas en términos de salud y bienestar. Aquí se analiza la salud en su totalidad: cuerpo, mente y espíritu, así como las relaciones con uno mismo, con los demás, con el medio y con Dios.

15

Durante los primeros meses del año 2005, tuve la oportunidad de conocer a Laurence Freeman durante la presentación de su primer libro, traducido al castellano por Magdalena Puebla y publicado por la editorial Bonum en Buenos Aires, Argentina. El tema del libro (Jesús, el maestro interior) y la personalidad de su autor me dejaron impresionado. El libro me abrió nuevas perspectivas para comprender a Jesús y su Buena Noticia, así como para reflexionar sobre mi respuesta personal a la pregunta de Jesús: "¿Y ustedes, quién dicen que soy?"

A fines del 2006, participé en un retiro con el padre Laurence, quien regresaba an Argentina. Me sentí conmovido por la retirada... A lo largo de muchos años, he estado buscando un camino espiritual contemplativo y he decidido seguir el de la Meditación Cristiana. Desde entonces, he estado meditando todos los días, cada vez más consciente de que la Presencia es la fuente de la vida y el ser en nosotros y en todo el universo.

Me involucré cada vez más en esta práctica y en la Comunidad para la Meditación Cristiana, que se desarrolló rápidamente en Argentina gracias al impulso de Magdalena Puebla. Otros meditadores pronto colaboraron e hicieron florecer estas enseñanzas del padre John Main y del padre Laurence

Freeman en las Comunidades para la Meditación Cristiana, filiales de la Comunidad Mundial para la Meditación Cristiana, que se expandieron en Hispanoamérica, partiendo de Argentina.

La Meditación Cristiana y las enseñanzas de la Comunidad que la practica son un camino de paz, tranquilidad y simplicidad; un camino de fe, humildad y amor.

16

Debido an esto, experimenté una transformación significativa en mi propia vida, mientras me abrí cada vez más a la Comunidad y al camino espiritual que propone.

Soy educadora y psicóloga. Acompaño a muchas personas que buscan enfrentar sus problemas, mejorar y sanar sus heridas de la vida, aprender a aprender, aprender an amar, aprender an afrontar las adversidades y crecer como personas, viviendo el día a día con sus alegrías y penas, sus esfuerzos y sus satisfacciones, atravesando el sufrimiento psíquico y los malestares de la vida.

Podemos ser vistos como espíritus encarnados, lo que significa que tenemos una vocación espiritual para superarnos a nosotros mismos y encontrar un sentido y valores para vivir. Esto es posible al llevar nuestras vidas en la corporalidad y la vida mental que nos identifica.

Es a través de nuestra corporalidad, nuestra mente, nuestros sentidos, nuestros afectos, fantasías, pensamientos e imágenes que percibimos y percibimos el mundo en el que nos encontramos unos con otros, con la naturaleza, la sociedad y la cultura de nuestro tiempo.

El mantenimiento de nuestro bienestar psicológico y físico, así como nuestros vínculos interpersonales y nuestro entorno, es un tema que generalmente nos preocupa y nos preocupa.

Por lo general, abordamos el tema de la salud después.

¿Estamos bien? Nos gustaría mantener ese estado.

¿Estamos enfermos actualmente o corremos el riesgo de enfermar en el futuro?

Nuestro objetivo es preservar o recuperar la salud.

Hay numerosas opciones para avanzar en esto.

17

Debido an esto, he decidido escribir este breve libro como una contribución a la salud interior, en particular a la salud del espíritu y la mente, que a menudo beneficia nuestro bienestar psicofísico en general.

Muchas veces, si la mente y el espíritu encuentran su centro, también mejoran el bienestar corporal y la calidad de la vida.

Una vida basada en el bien y el amor, una vida abierta al espíritu y a Dios, brinda más felicidad, es capaz de soportar el dolor y la pérdida, y, lo más importante, es una vida que aprende an arraigarse en el amor. que aprende a confiar en ese amor más grande, incondicional y generoso que nos ha llamado al ser y a la plenitud, que nos ha llamado a compartir horizontes ilimitados de vida y felicidad.

Por lo tanto, la fe y su práctica tienen el potencial de ser beneficiosas.

Los medicamentos y los tratamientos, así como los médicos, psicólogos y otros profesionales de la salud, ayudan a recuperar la salud. Sin embargo, no la garantizan.

Para mantener o mejorar la salud, es necesario que la misma persona participe en un estilo de vida que contribuya y que incluya lo espiritual. Desde una perspectiva personal, es necesario considerar la relación que existe entre uno mismo, los demás, el entorno y el sustento o fuente de todo lo existente, que es Dios.

En este libro encontrarás uno de los caminos posibles para tu bienestar y salud integral: el camino de la Meditación Cristiana como un viaje espiritual hacia el centro de ti, hacia los demás, hacia Dios y hacia ser quien verdaderamente eres.

Debido an esto, el orden de los temas del libro.

18

Por lo tanto, comienzo explicando qué es la Meditación Cristiana y sus beneficios, ya seas un meditador en este camino o un meditador que busca sentido espiritual.

Debido a que este viaje espiritual no es simplemente un método para mejorar la salud. Es un viaje a la fuente de tu existencia, donde Dios reside en tu corazón y desea brindarte una vida próspera llena de su amor curativo.

Además, discutiré cómo la meditación cristiana afecta la salud, ya sea psicológica, física o espiritual. Cuando me refiero an estas áreas de salud, no las considero como únicas.... Son áreas que siempre están conectadas.

El lector, el lector: Quizás seas una meditadora o un meditador que proviene del cristianismo u otras tradiciones espirituales. Quizás seas alguien que busca su camino, aunque no lo haya encontrado o no esté satisfecho con lo que ya ha recorrido. Quizás eres católico y quieres aprender o profundizar en un camino de oración contemplativa.

Recibe mi saludo en todo su significado, incluida la palabra "salud". ¡Dar salud significa brindar salud!

En mi salud, se incluye el saludo (el brindar salud), así como la bienvenida y la bendición de la persona que reside en tu y mi corazón: esa Presencia amorosa que puede abrirnos para llenarnos de paz y alegría.

La llamo Dios, la fuente de todo Amor y vida. Jesús, mi Maestro interior, tiene una apariencia humana. Él espera nuestro silencio para que podamos experimentar su ternura.

19

Él es quien nos cura a través de la presencia y el conocimiento de médicos, psicólogos, kinesiólogos, enfermeros y otros profesionales de la salud, quienes nos brindan tratamientos y medicamentos.

Él es responsable de despertar en nosotros el impulso interno que nos permite sanar. El que también puede revivirnos y darnos vida con una sola palabra, tal como lo hizo en muchas ocasiones durante su vida humana.

¡Sal, Dios mío! Maranatha! Todo en nosotros necesita ser restaurado y transformado... Haznos sentir tu afecto y tu cariño. Regálanos tu Espíritu y concedernos tu paz. Que podamos experimentar tu amabilidad y belleza y que siempre seas el centro de nuestras vidas.

Bendice a todos los lectores, especialmente a todos los lectores de este libro.

Danos paz y gratitud por el don de la vida.

Agradezco especialmente a Silvia Baeza y Silvia González por su cuidadosa lectura de esta obra en sus fases finales, junto con sus sugerencias para mejorarla.

¿Es Posible Que La Meditación Regular Lo Ayude A Vivir Más Tiempo?

La práctica de aquietar la mente y concentrarse en uno mismo durante un período de tiempo determinado se conoce como meditación. ¿Realmente puede ayudarlo a vivir una vida más larga? Es una práctica antigua que ha adquirido confiabilidad en la época actual como una forma efectiva de reducir la tensión, promover la relajación y mejorar la memoria, la concentración y el estado mental.

Según la evidencia científica, la meditación regular puede mejorar la ansiedad y los pensamientos depresivos, que pueden tener un impacto en la mortalidad. Se ha demostrado que la meditación fortalece la respuesta inmunitaria del cuerpo y reduce los niveles de cortisol, una hormona que causa estrés. La mayor mortalidad por afecciones relacionadas con el corazón, como la aterosclerosis y el síndrome metabólico, está relacionada con niveles elevados de cortisol.

Según la investigación, la meditación regular puede reducir las visitas al médico y las estadías en las instalaciones médicas.

Un estudio de 2011 encontró que la meditación regular puede incluso reducir la grasa abdominal peligrosa.

Investigar

Una revisión que examinó los efectos de la meditación en particular sobre la muerte se publicó en The American Journal of Cardiology. El primer grupo estaba compuesto por personas con hipertensión leve (hipertensión) que vivían en una casa de ancianos con una edad promedio de 81 años. El segundo grupo estaba compuesto por adultos mayores de la comunidad con una edad promedio de 67 años.

Los participantes se dividieron en grupos y se les enseñaron métodos de relajación muscular progresiva, relajación psicológica o meditación trascendental. El grupo de control recibió clases de educación general para la salud.

La Meditación Trascendental (TM) es una técnica sencilla que consiste en sentarse cómodamente con los ojos cerrados durante 15 a 20 minutos por sesión, dos veces al día, para lograr un estado de "consciencia relajante". El entrenamiento en meditación de atención plena se centra en respirar y observar los pensamientos desapasionadamente a medida que surgen en la mente. Durante cada sesión, los sujetos del estudio que utilizaban técnicas de relajación psicológica fueron motivados a repetir una expresión o un verso para sí mismos. Para promover un estado general de calma, los sujetos que usaron relajación muscular progresiva fueron entrenados para liberar gradualmente la tensión en cada grupo muscular principal.

Después de tres meses, los individuos fueron examinados. En ambos ensayos, los grupos de Meditación Trascendental informaron una presión arterial alta significativamente más baja que los otros grupos de meditación y control; sin embargo, los datos duraderos son más interesantes.

Los científicos utilizaron el Índice Nacional de Muertes del Centro Nacional de Estadísticas de Salud para determinar el estado vital de los participantes. De los 202 participantes en los dos primeros ensayos clínicos, 101 fallecieron durante el seguimiento. Estas muertes se codificaron para determinar la causa de la muerte según la Clasificación Internacional de Enfermedades (ICD-9).

Los hallazgos mostraron que los sujetos que practicaban MT tenían un 23 % menos de probabilidades de morir por cualquier causa y un 30 % menos de probabilidades de morir por enfermedades del corazón durante aproximadamente 7,6 años, o casi 19 años. Durante el período de seguimiento, los sujetos también tenían un cuarenta y nueve por ciento menos de probabilidades de morir de cáncer.

Durabilidad

Los autores de la revisión sugieren que la meditación tiene beneficios casi tan buenos como la terapia con medicamentos para la hipertensión, sin efectos secundarios. Sin embargo, no recomiendan usar la meditación en lugar de medicamentos que se han demostrado que reducen la presión arterial alta.

Los autores afirman que este es el primer estudio a largo plazo que examina el efecto de los tratamientos no farmacológicos en la tasa de mortalidad de las personas con hipertensión arterial. Hay dos preguntas importantes que deben responderse: ¿la meditación mejorará la durabilidad de las personas con presión arterial alta típica? Y, ¿qué tipo de técnica de relajación o meditación mejora la longevidad?

Muchos están contentos con los impulsos de energía y bienestar a corto plazo que proporciona la meditación, aunque la investigación futura puede dar una respuesta más precisa an estas preguntas.

Las Ventajas De La Meditación

Swami Sivananda afirmó que si muchos dedicaran su tiempo a leer sobre asuntos espirituales a practicar meditación, estarían completamente iluminados.

La sabiduría surge de la práctica y el conocimiento.

En su extensa obra, Sivananda, el gran maestro espiritual, ha explicado con claridad cómo la meditación puede cambiar nuestra vida de manera significativa. Cada nivel de la existencia se verá afectado. Sin embargo, es importante destacar que, aunque notemos cambios externos y las personas que nos conocen y conviven con nosotros nos lo hagan saber, los cambios más significativos son sutiles e internos y solo serán evidentes con el tiempo de la práctica meditativa.

Además, es importante mencionar que el trabajo realizado en el campo de la meditación y la autorrealización en otras vidas se revelará ahora, lo que acelerará y clarificará el proceso. La labor que estamos realizando en esta área nos ayudará en futuras encarnaciones, al igual que lo que hemos hecho en encarnaciones anteriores nos ayudará en esta.

La meditación produce fuerza.

La meditación tiene un impacto muy positivo en el cuerpo.

Hasta hace poco tiempo, los científicos no creían en las demostraciones de los yoguis de control mental sobre funciones de nuestro organismo, como el latido del corazón, la respiración y la circulación, ya que se pensaba que eran involuntarios e independientes de la mente.

Se ha demostrado científicamente que la mente puede controlar la mayoría de las funciones de nuestro cuerpo. Según investigaciones recientes, la mente tiene la capacidad de controlar tanto la actividad de un grupo de células como la de una sola. Nuestra mente instintiva, o subconsciente, controla todas las células de nuestro organismo. Cada una de ellas cuenta con una conciencia tanto individual como colectiva. El cuerpo recibe nuestros pensamientos y deseos y las células se activan para satisfacer la demanda del grupo celular.

La meditación generalmente provoca una aceleración significativa del prana en las células individuales, lo que promueve su rejuvenecimiento y retrasa su deterioro. Estas ondas calmantes penetran en las células y tienen un impacto positivo en todos sus órganos, lo que inicia un proceso de fortalecimiento y curación de diversas enfermedades. Es un hecho que las personas que la practican visitan menos los médicos y los hospitales.

Después de los 35 años, nuestras neuronas se agotan an una tasa de cien mil por día. La meditación evita y reduce la senilidad.

La meditación nos ayudará an organizar mejor el tiempo que dedicamos a dormir. Los meditadores experimentados apenas duermen tres horas y se sienten más tranquilos y calmados que en el pasado. Incluso el sistema digestivo se fortalecerá. Y deberemos comer menos porque, en realidad, lo hacemos por ansiedad, algo que la meditación reduce o elimina por completo.

La meditación hará que todos nuestros sentidos se intensifiquen y nos sentiremos más energéticos, con más vitalidad y fuerza.

El brillo de los ojos, la firmeza de la mirada, la belleza de la conmoción, la voz dulce y firme, y un cuerpo sano, fuerte y perfumado nos indicarán que nuestra meditación está en el camino correcto.

calmar la mente

La meditación reduce el ritmo cardíaco, la presión arterial y el consumo de oxígeno, lo que reduce significativamente el estrés. Cada célula se relaja...

Algunos de estos hallazgos demostrarán el verdadero avance: una mente más suave y menos cansada, una mayor tranquilidad, una mayor felicidad con nosotros mismos y una disminución en la tendencia a los impulsos emocionales. Comenzamos a sentirnos tranquilos y felices.

En resumen, si apreciamos más la paz, la serenidad y la calma cuando estamos despiertos, el progreso lo comprobaremos en la práctica. No sentiremos más conexión con nuestros pensamientos, emociones y comportamientos, lo que nos llevará gradualmente a llevar nuestra conciencia al testigo o espectador, como si estuvieramos observando an otra persona. Al desidentificarnos y vernos desde una perspectiva imparcial, nuestros pensamientos y emociones ya no tienen tanta influencia en nosotros.

Si experimentamos una adicción, apreciaremos que la ansiedad por esa sustancia o acción adictiva comience a desaparecer. Con el tiempo, los apegos, los gustos y las preferencias desaparecerán, lo que resultará en la evanescencia de la inquietud y la agitación mental.

Nuestras emociones negativas disminuirán y nuestra mente se volverá más equilibrada. Nos sentiremos tranquilos, relajados y desenvueltos, y nuestra cara reflejará calma y serenidad.

La claridad interna

La meditación aumenta la fuerza mental.

La concentración aumenta la fuerza de voluntad, la memoria y el intelecto.

Nuestra capacidad para realizar tareas más grandes e importantes se expande, nuestra visión de los problemas se clarifica y todos los problemas se resuelven de manera fácil, rápida y mejor. Nuestro trabajo será de alta precisión y eficacia. Se verá una mente concentrada, fuerte, poderosa, clara, sutil, fina y con imágenes claras y precisas.

Para reducir el estrés y encontrar la paz, disfrutaremos de discernimiento y nos alejaremos de las ataduras de la vida cotidiana.

Cambio gradual en nuestra personalidad

La paz que hemos alcanzado gracias a la medida hará que nuestra comprensión del universo cambie, lo que llevará an un nuevo comportamiento por nuestra parte. Lo que era importante en el pasado ya no lo es, y al contrario.

El dolor, la pena, la pereza y el aletargamiento anterior serán reemplazados por la felicidad y el gozo. Al prestar más atención al presente, y por lo tanto menos al pasado y al futuro, podremos evitarlo al prestar más atención a lo superficial de nuestra vida.

Con el tiempo, a medida que practicamos la meditación, aumentaremos nuestro amor por los demás, incluso aquellos que nos desprecian, ya que estos solo muestran su egoísmo, odio e incomprensión, y por lo tanto, necesitarán más amor que cualquier otro. El refrán dice que nadie puede otorgar lo que no posee. No pueden dar amor si no hay amor. La meditación también nos ayudará a ser más fuertes mentalmente, lo que nos permitirá lidiar con los insultos y las injurias y hacer frente a nuestras tareas diarias con entereza, fuerza y paciencia. Hasta que dejen de hacerlo, las situaciones y las personas que antes nos enfadaban disminuirán. Los problemas del día a día persistirán, así como las personas, pero ya no tendrán el mismo impacto en nosotros. Mantendremos la calma y la mente en equilibrio en situaciones que nos estresen, enfaden y nos causen ansiedad.

Se desarrolla una personalidad magnética y dinámica al meditar. Y las personas que conocen al meditador regular se sienten atraídas por su comportamiento inspirador y compasivo, su discurso poderoso y su naturaleza espiritual. Transmitirá alegría, felicidad, fuerza y paz a las personas. Uno atraerá a las personas, elevando el ánimo y las mentes de los demás.

Es evidente que todo este progreso no se dará a conocer de inmediato; seguiremos avanzando en la práctica porque hay momentos en los que el progreso es inter-no y no se puede ver de forma externa. Es necesario tener paciencia.

disciplina y rutina. Sin embargo, después de varios meses, comenzaremos a ver mejoras en todas las facetas de nuestra vida. Cuando surjan estos cambios, no debemos confiar y menos practicar la meditación. Esto es crucial porque las capas de impurezas en la mente son profundas y solo lo notaremos cuando comencemos a trabajarlas. Nuestros planes no deben incluir desistir. Si controlamos la codicia, es posible que la ira surja con mayor intensidad que antes. Es posible que surjan nuevas ansias si no controlamos nuestras ansias por la comida. Puede que desaparezca y vuelva an aparecer si queremos erradicar el egoísmo. Se requiere paciencia, perseverancia, fuerza y vigilancia rigurosa y continua. No te preocupes si alguien te insulta. Nuestra fuerza de voluntad, la paz interior y el buen carácter se fortalecen con cada tentación resistida, pensamiento negativo dominado, deseo contenido, palabra grosera retenida, aspiración noble que emprendemos y idea sublime cultivada. A medida que nos comprendamos mejor a nosotros mismos, también lo haremos con los demás, lo que resultará en relaciones gratificantes y enriquecedoras y una vida plena y tranquila.

La meditación es el camino hacia la perfección; sigamos practicándola y descubriremos la maravillosa tranquilidad y paz que se desvelarán en nuestro interior.

¿Por Qué La Meditación Es Importante?

La industrialización y todos los cambios que hemos experimentado como sociedad y como seres humanos han tenido un impacto en nuestra realidad diaria. La rutina de las personas se ha vuelto más exigente, con una vida llena de responsabilidades que consume nuestra energía, y normalmente esperamos que esto se compense con pocas horas de sueño. He leído artículos que concluyen que en la actualidad es muy difícil alcanzar un nivel de descanso total al dormir porque no es posible que nos desconectemos de las actividades del día y de las preocupaciones que estas abarcan.

No es necesario estudiar mucho para entender que hay un desequilibrio en esta ecuación, ya que dedicamos más tiempo a gastar energía que a ganarla. A veces también pensamos que la comida nos ayudará a ganar energía a través de los nutrientes con los que nos alimentamos, pero si reflexionamos seriamente en la vida que llevamos, es fácil darnos cuenta de que planificamos nuestra vida a través de cálculos erróneos. A menudo planeamos todos nuestros pasos para lograr un objetivo específico, lo cual es beneficioso, pero es perjudicial cuando llevamos una vida desequilibrada y tenemos una relación descuidada con nosotros mismos.

En ocasiones, también olvidamos lo que este tipo de comportamiento tiene que ver con lo que sucede en el mundo exterior, como lo pueden ser: relaciones nocivas con nuestros amigos, familia o en el trabajo, el rendimiento académico o el trabajo de una persona, o cómo nuestra vida puede volverse conflictiva debido a todos estos factores.

Debido an esto, la relevancia de la meditación en la sociedad actual se vuelve difusa y el hecho de que sea cada vez más frecuente aporta una gran esperanza para el futuro. Las razones por las que puede considerarse de gran importancia son por los beneficios inmediatos que puede llegar a proporcionar, entre los cuales se encuentran:

Mejora la concentración y la memoria, el humor, la estabilidad emocional, la ansiedad y el estrés, el enojo, la estimulación y el reconocimiento de vivir el día, la felicidad, la reducción de los pensamientos negativos, la estabilidad para afrontar mejor los momentos difíciles y la reducción de síntomas físicos como dolores de cabeza, problemas digestivos o tensión muscular.

Incrementa los niveles de energía, ayuda a mejorar la calidad del sueño, retrasa el envejecimiento, reduce la presión física, reduce la presión sanguínea y tiene muchas otras ventajas.

Aunque reconozco estos beneficios, reconozco que no se limitan a los enlistados en este documento, sino a muchos más que podemos reconocer personalmente y todos son diferentes. Simplemente la energía que entra en nuestro cuerpo y ser después de meditar y vivir en el presente, ya que esto es lo que hace que cada experiencia sea única y que su importancia se vuelva aún más relevante a nivel personal.

La meditación también es importante porque es una práctica que nos ayuda a comprender mejor cómo funciona nuestro cuerpo y nuestra mente, lo que nos ayuda a comunicarnos mejor, lo que tiene un impacto físico y mental.

En ocasiones, creo que sus ventajas son tan significativas que es asombroso ver por qué muchos aún no la conocen y debería ser recomendada como un aprendizaje básico desde temprana edad. Por ejemplo, he leído en varios artículos que la meditación se está utilizando para ayudar a los niños con problemas de conducta a controlar mejor sus impulsos. Sin embargo, en la cultura oriental, la meditación es una práctica tan común que se puede encontrar en varias culturas y que se acompaña a varias disciplinas, como las artes marciales, o en países como la India, donde se practica el yoga, o en el Tíbet, donde se practica el yoga. Al final

Una experiencia personal que tuve fue que después de practicar meditación durante aproximadamente un año, mi hija de unos cuatro años comenzó a llorar de manera típica, o la etapa en la que muchos psicólogos definen que los niños empiezan a desafiar los límites. Concuerdo con esta definición, creo que todos los niños pasan por esta etapa, y la intensidad varía de un niño an otro. Hay niños con impulsos muy fuertes y otros con impulsos más débiles, pero independientemente de la dificultad, es responsabilidad de los padres educarlos y ayudarlos a liderar su mente y cuerpo y aprender a responder con amabilidad a cualquier situación. En una semana, mi hija tuvo ataques constantes de rabia. Es una niña muy dulce y era evidente que no entendía lo que estaba haciendo; solo hizo lo que sentía que debía hacer: pedir algo y si no lo tenía, lloraba o gritaba. Recuerdo que le comenté esto an una persona con la que me encantaba hablar sobre meditar y que me ayudó mucho a comprender todo esto. Me dijo: "Sabes que tú puedes ayudarla a comprender que siente y piense y a controlarlo, puedes ayudarla a meditar empezando por ayudarla a respirar cuando esto sucede, cerrar sus ojos y respirar, esto le ayudara a controlarse".

Después de hablar de eso y de cómo podría manejarlo porque era tan pequeña, recuerdo que en la primera vez que intenté hacerlo, ella estaba llorando desconsoladamente y solo la tomé de la mano con amabilidad. La observé con amabilidad, le sonreí, seque sus lágrimas y le dije que íbamos a hacer algo para ayudarla a comprender por qué se comportaba así, le pedí que cerrara los ojos y respirara profundamente, y la acompañ

Recordemos que cuando lloramos o estamos llenos de emoción, ya sea positiva o negativa, si es demasiado, afecta nuestra respiración.

Mi hija finalmente descubrió cómo respirar después de unos segundos, y yo estuve con ella durante aproximadamente dos minutos. Le pedí que respirara de esa manera hasta que se sintiera tranquila y lista. Cuando abrió los ojos lentamente y me sonrió, le pregunté si sabía por qué estaba llorando y me respondió: "No lo sé, mamá, pero ya no quiero llorar". Este suceso me ayudó a comprender el gran impacto y la importancia de esta práctica en el desarrollo de cualquier persona porque mi hija, a pesar de no poder verbalizar todo eso, comprendió en ese momento que a veces no es bueno dejar guiarnos por nuestros impulsos (pensamientos o sentimientos) porque estos nos pueden hacer daño, y lo mejor es balancear nuestra energía.

www.ingramcontent.com/pod-product-compliance
Lightning Source LLC
Chambersburg PA
CBHW050239120526
44590CB00016B/2159